¡ATRÉVETE Y HAZLO!

DANY MERLO

¡ATRÉVETE Y HAZLO!

Encuentra el coraje
para transformarte y ser más feliz

AGUILAR

El papel utilizado para la impresión de este libro ha sido fabricado a partir de madera procedente de bosques y plantaciones gestionadas con los más altos estándares ambientales, garantizando una explotación de los recursos sostenible con el medio ambiente y beneficiosa para las personas.

¡Atrévete y hazlo!

Encuentra el coraje para transformarte y ser más feliz

Primera edición: enero, 2022

D. R. © 2022, Dany Merlo

D. R. © 2022, derechos de edición mundiales en lengua castellana:
Penguin Random House Grupo Editorial, S. A. de C. V.
Blvd. Miguel de Cervantes Saavedra núm. 301, 1er piso,
colonia Granada, alcaldía Miguel Hidalgo, C. P. 11520,
Ciudad de México

penguinlibros.com

ISBN: 978-607-380-854-5

Impreso en México – *Printed in Mexico*

Para Ahiri, Andre, Jean, Darelle y Cristianne,
que son mi motor, mi fuerza y mi debilidad.
Imaginen lo inimaginable, crean en lo increíble
y déjense sorprender por la realidad.

Índice

Prólogo

Albert Einstein decía que el tiempo es una obstinada ilusión. Esperamos el paso de éste para que nos convierta en algo mejor, y con la esperanza de que nos mueva o nos coloque en otra vida, deseamos con fe persistente "que algo pase", para que simplemente inicie el sueño y comience nuestro anhelado destino.

Y si el tiempo se detuviera para decirte: "Atrévete y hazlo", ¿qué harías?

Yo lo experimenté y supe que no es cuestión de tiempo, es sólo una gran decisión.

Hace algunos años un muy querido amigo en común me presentó a Dany, una de las personas que hoy más admiro y respeto. Lo conocí a profundidad cuando él aceptó mi invitación para tomar el taller de Talentos y Fortalezas, que imparto con mi hija Natalia. Me impactó su historia de vida, su resiliencia y su constante búsqueda de la felicidad.

Recuerdo la apertura tácita por descubrir su misión, su propósito, y encontrar juntos la razón de su verdadero camino. Estaba en una nueva etapa y la vida le exigía algo distinto. Él se atrevió y resultó fascinante.

Dany no es un héroe, pero sí un guerrero. Su historia no es inverosímil ni fantástica, no percibirás en estas hojas que estás a punto de leer un relato de milagros o tramas que conmueven almas, pero que son lejanas a nuestro día a día.

Él es sólo un hombre que cambió su vida cuando él mismo lo decidió. Y ahora, desde su humanidad, sencillez y pasión, nos narra ese caminar. Con momentos entretenidos, difíciles y profundos, nos muestra su honestidad, candidez y valentía, aportándonos claves para salir adelante, tener coraje y atrevernos a ser exitosos y más felices. Sin recetas ni fórmulas mágicas, simplemente relatando capítulos sobre sus experiencias con el anhelo de inspirar a los demás a atreverse, a transformarse y rifársela de una vez por todas en este momento.

Quizá conozcas su lado deslumbrante. Un integrante original del grupo Mercurio en la década de los noventa, donde encontró la fama por ser uno de los más carismáticos y espontáneos de la banda. Su carácter y candor lo catapultaron a ser uno de los favoritos de las fans, imponiendo un estilo particular y alegre, pero a los escasos 21 años el destino le puso un nuevo reto: mudarse a los Estados Unidos, sin hablar el idioma y con un bebé en camino.

Aquí es donde comienza la historia real de Daniel Merlo. Se va a Estados Unidos con infinidad de aspiraciones, objetivos claros y una visión del futuro que se convirtió en su obsesión, que nunca abandonó.

Actualmente vive en la ciudad de Houston, Texas, junto a su hermosa familia. Dedicado a los negocios en paralelo a su pasión por el potencial humano, con la meta de construir los cimientos necesarios para un buen desarrollo personal, familiar y laboral.

Dany Merlo ha logrado hacer sus sueños realidad, manteniendo siempre el objetivo claro y enfocado. La clave: decisiones efectivas con la mente en el presente, pero echándole un ojo constante a la meta planteada. Por eso este libro me encanta y emociona, porque encuentro una sabiduría sin pretensiones, una inspiración para obtener siempre una forma de salir adelante.

Así que antes de iniciar juntos esta apasionante lectura, quiero sumarme a Dany y decirte: ¿Qué esperas para iniciar?, no dejes que pase el tiempo. "Quema tus naves" y emprende el viaje... con lo que tengas, con lo que hay: *Atrévete y hazlo.*

JAVIER BARRERA

1

Busca claridad
y sé persistente

"**W**elcome to the United States of America." Así me recibió el agente aduanal mientras se escuchaba el golpe del sello que marcaba mi pasaporte. Era oficial, ¡estaba dentro! Llegar a vivir en un nuevo país es una sensación indescriptible, y más cuando iba acompañado de mi recién esposa, Ahiri, con tres meses de embarazo. Definitivamente tenía todo un futuro por delante, y aunque no sabía dónde iba a empezar, sabía perfectamente dónde quería estar.

Y lo sabía porque antes de cambiarme de residencia pasé por una serie de experiencias que me fueron transformando hasta entender lo importante que era estar bien por dentro, saber cuál es mi rol, mi meta y qué debía hacer para que se volviera realidad. Era diciembre de 2001, y lo mejor de todo es que apenas empezaba esta nueva etapa de mi vida.

Caminaba rumbo a la salida del aeropuerto tomado de la mano de Ahiri mientras, con la otra, tomaba mi maleta llena de pantalones, zapatos, camisas, y muchas ilusiones que venía cargando desde México. No importaba que no hablara inglés, tenía tanta claridad de lo que buscaba que eso no sería un obstáculo (¡ja!... iluso).

"Bueno, ya estoy aquí. Y ahora ¿qué sigue?" Lo primero que tenía que hacer en esa nueva vida era encontrar la forma de abrirme camino, tenía que conseguir un empleo o hacer un negocio con el que pudiera mantener a mi nueva familia. La pregunta era: ¿a qué me iba a dedicar?

"¿Vender terminales de tarjetas de crédito?"

"Mmm... no, muy caro, complicado y sin futuro."

"¿Tarjetas de teléfono para que 'los paisas' les llamemos a nuestras familias?"

"Demasiada logística, sistema complejo, más complicado que el de las terminales de tarjetas de crédito."

"¡Ya sé! Lanzar una marca de tenis muy famosa, se llamará Mike...

"Mmm... un poco sospechoso eso."

Así estuvimos por varios días mis suegros, mi cuñada, mi esposa y yo, pasamos por ideas tan increíbles como imposibles hasta que de repente se hizo la luz: antes de que llegáramos a Texas, mi suegro iba y venía de México a Estados Unidos. Durante esos viajes encontró los clásicos *taco trucks*, camiones que adaptaban para convertirlos en "puestos rodantes de comida", los cuales se especializaban en dar servicio a los trabajadores que estaban en zonas de construcción. Poco a poco fue llamándole más la atención, porque además de verlo como un negocio en potencia, a mi suegro siempre le apasionó la industria restaurantera, entonces se aventó a investigar más. Poco a poco se conectó con gente del medio, encontró dónde vendían los camiones, le recomendaron lugares que se dedicaban a adaptarlos, y de repente tenía arreglado todo lo que necesitaba para iniciar el negocio de *food trucks*.

Una noche en que estábamos cenando todos nos propuso la idea. Todo se escuchaba perfecto, pero ¿quién iba a cocinar? Cada uno de nosotros nos preguntábamos eso excepto mi suegro, ¡todo lo tenía solucionado! Mi suegra tiene una mano increíble para la cocina, hasta la fecha no le conozco un plato que le haya quedado mal. Entonces, si ella contaba con ese talento, ¿por qué no promoverlo? ¡Claro! Una taquería móvil donde mi suegro y yo saldríamos a vender la cocina de mi suegra.

¿Solución? ¡Una taquería móvil! ¿Taquería móvil? ¿Es en serio? Pero ¡no sabes nada de eso! ¿Qué te hace pensar que una taquería móvil es la mejor opción para arrancar en un país que no conoces?

Es cierto, no tenía la más remota idea de saber si el proyecto tendría éxito. De lo que sí estaba seguro es que lo que me atreviera a hacer, lo haría con todo el amor que tengo. La clave es la constancia; de los errores se aprende incluso más que de los aciertos, y si el proyecto no funcionaba, podía tomar otro camino con la misma claridad y amor. Esa energía es la que me movía, la que me empoderaba.

Sentía que tenía el futuro perfecto: un nuevo negocio, una nueva historia, en un nuevo país, con una nueva familia (recuerda que llegamos junto con mis suegros y mi cuñada), y un nuevo bebé en camino. Todos seríamos así como "la liga de los súper héroes" listos para sacar nuestros poderes y conquistar cada uno de los sueños que teníamos. Pasó un tiempo, y ya con el camión acondicionado, ¡a cocinar!

Sabía que tenía mucho por aprender, lo que no sabía es que ese camión me iba a confirmar que la claridad y la constancia, junto con un poco de atrevimiento, son elementales para llegar a donde se desea. Una verdadera prueba de fuego.

Después de un mes preparando el camión, armar las rutas de viaje y comprar todos los aditamentos, estábamos listos para empezar. Nos levantábamos a las cuatro de la mañana para tener todo listo y repartir los tacos a buena hora. Las entregas terminaban alrededor de las dos de la tarde, y ya cansados, seguía el "segundo turno". Lavábamos, tallábamos, arreglábamos... todo tenía que estar listo para que a las cuatro de la mañana del siguiente día estuviéramos con una sonrisa en la cara para repetir la dinámica, así de lunes a domingo.

Definitivamente tener un puesto de tacos rodante se convirtió en toda una aventura, no sólo por la preparación sino también por el trato del día a día. Como mi suegro manejaba y yo preparaba, tenía relación directa con los clientes. El compartir, atender, platicar y hasta "regatear" con los clientes son habilidades que tuve que descubrir y afinar sobre la marcha:

—Buenos días, ¿de qué van a ser?

—¡Buenas buenas! Dame tres de asada pa empezar, van con "jardín y copia".

—(Con jardín... ¿y qué? Bueno, ahorita investigo qué es eso.) ¿Con salsa?

—¡Claro!

—Esteee... bueno. Salen tres de asada con salsa, "jardín y copia".

—¿Le pones más carne? ¡Casi no tiene!

Que más carne, que no era salsa verde sino roja, que "cóbrate tres" cuando serví cinco, que no te pedí de queso sino de chorizo, que te alburean y todos se ríen cuando tú no entiendes. Ya sabes, la novatada.

Poco a poco fuimos tomando experiencia, cada día descubría términos nuevos, mañas, albures y todas esas cosas. Cuando ya me sentía más dueño de la situación empecé a platicar con mis comensales, conocí a muy buenas personas que se convirtieron en clientes frecuentes; cada vez que se acercaban al camión para hacer el pedido, se quedaban más tiempo para platicar.

Siempre he sabido que se me da muy fácil conocer gente nueva y hablar, lo que no sabía es que esa habilidad me hacía vender. Claro que les gustaban los tacos (Armando, uno de nuestros clientes, se llegó a comer 12 con "jardín y copia"), pero también me visitaban porque los escuchaba y ellos también a mí: "¡Julio! Vamos al camión del güero y de pasada pedimos unos tacos".

Sin querer, no sólo estábamos vendiendo un producto, también vendíamos un espacio de relajación y descanso. Empezamos a entender que no se vende el producto por sí solo, sino la experiencia que hay alrededor de él.

Tenía las manos con llagas, las piernas temblorosas y sin la fuerza para levantar un salero, pero seguía de forma casi heroica para llevar a casa esos siete dólares diarios de ganancia. Sí, ¡siete dólares diarios! ¡Siete dólares para mantener a una familia de tres, de los cuales uno iba a necesitar el doble de dinero sólo para pañales. Bueno, ¿para qué vamos tan lejos? Ganaba siete dólares cuando la pizza costaba 7.99 más impuestos. Ni para una pizza nos alcanzaba.

Haciendo cálculos y poniendo en perspectiva el esfuerzo-ganancia, parecía que salía más barato no hacer nada. Aun así seguí, seguí sin escuchar a mi cuerpo que me reclamaba descanso porque mi dolor nunca ha sido más grande que mi ilusión: "Empezamos con un camión, ese camión se transformaría en dos camiones, luego en cinco, después 10, ¡20! Más adelante ponemos un restaurante, y de ahí, una cadena".

Ese sueño era lo que nos movía, todos los días nos levantábamos con el deseo, pero había algo que nos desanimaba, que nos hacía enfrentarnos a la realidad: "No nacimos para esto".

Debemos saber para qué somos buenos, y la verdad es que nosotros no lo éramos. La logística, el proceso, el sabor, cada uno de los detalles no era suficiente para figurar entre los demás puestos de comida. A todo esto súmale que todo lo que generábamos se traducía en poca paga. Día con día reflexionábamos si ese camino era el correcto, y descubrimos que aunque nos ilusionaba el resultado, implicaba un costo muy alto.

Aun teniendo esa realidad, en el fondo sabía que saldríamos adelante. Porque la constancia no se basaba en un camión, sino en seguir atreviéndonos, sin rendirnos y haciendo lo necesario para crecer, sin importar el ramo.

Tan es así, que esa disposición me hizo dejar una vida totalmente distinta. Hubo noches en las que a punto de dormir, muerto de cansancio y con las manos pegajosas, me preguntaba: "Dany, a ti te recibían presidentes en cada país que pisabas, llenabas estadios, te daban las llaves de la ciudad, cientos de miles de personas hacían lo que fuera por tan sólo estar cerca de ti, ¿y ahora?"

> La constancia no depende de las cosas materiales, sino de lo que somos. Los beneficios sólo son una consecuencia.

En serio, mi vida estaba llena de glamour. En segundo de secundaria, a los 14 años, me convertí en parte de un grupo musical: Mercurio, seguramente muchos *millennials* lo ubican, ¿lo conoces? En fin, ésa es otra historia que más adelante platicaré. Como verás, mi vida cambió de polo a polo. Por eso es que ya acostado en la cama y entumecido por lo pesado que es trabajar siendo cocinero, recordaba esos momentos de fama. Sí, buscar lo que realmente deseas te puede llevar a mundos inimaginables.

Pasó el tiempo y después de meses de dormir mal, picar cebolla, revolver huevos, lavar trastes y mantener una fuente de ingresos que más bien era "fuente de achaques", La Gordis —nombre que le pusimos al *food truck*— dejó de visitar a los paisas. Llegó la hora de tomar otro camino.

No voy a negar que al principio fue decepcionante, esa sensación de fracaso era inevitable, pero es normal, es parte del proceso de "reconstrucción". La claridad también significa ser honestos y reconocer nuestras limitantes. No podemos aferrarnos a las cosas cuando no tenemos la habilidad para hacerlas. Después de dejar el negocio del camión, mi suegro se aventuró en el mundo de los bienes raíces. A mí se me acababa el tiempo porque mi hijo estaba cada vez más cerca de nacer y tenía que actuar rápido. Entonces me armé de valor, limpié mis zapatos e imprimí el currículum donde los datos eran más o menos así:

Experiencia: *Ninguna.*
Habilidades: *¡Muchísimas ganas!*
Trabajo anterior: *Integrante del grupo juvenil Mercurio (1994-1999).*

Con este "súper currículum" salí a tocar las puertas de las grandes empresas. Un proceso un tanto complicado porque no sabía si la coreografía de la canción de un grupo famoso les pudiera ser relevante para vender electrodomésticos en Best Buy. Pero bueno, el "no" ya lo tenía ganado.

¿Recuerdas que conté que llegué a los Estados Unidos sin dominar el idioma? En ese entonces pensaba que podría lograrlo con mi inglés masticado. O sea, ¡son nuestros vecinos del norte! Sé miles de canciones y he visto millones de películas en inglés (claro, con subtítulos). Estoy muy familiarizado con el idioma, incluso he vacacionado muchas veces en el país, por eso pensaba que eso no sería un obstáculo, que eso no me detendría. Bueno, pues ese detalle se convirtió en un verdadero reto a la hora de entrevistarme:

—In a stressful situation, do you prefer to leave everything and go home?

—... Yes!

—... Yes?

—... No!

—... No?

—Ok, ¿... *maybe*?

La verdad no sé a cuántas entrevistas fui en ese entonces. Es más, no sé si llamar "entrevista" a esos momentos. Lo que sí me quedó muy claro es que no se concretó una sola. Pero nunca se me acabó el mundo, nunca se me terminó el piso porque mi meta siempre fue muy clara: además de lograr una buena transición de una cultura a otra, mi meta era sacar a la familia adelante. Yo no importaba en ese momento, lo que Dany quería de manera personal pasó a segundo término. En vez de eso, nos convertimos en un equipo que jalaba parejo para que juntos lográramos lo que estábamos buscando. Sí, la tranquilidad y felicidad de la familia era mi meta.

¿Qué necesito primero? Una guía. Necesito una especie de "mentor" para aprender de él, seguir sus pasos, transformar lo aprendido y volverlo propio para explotarlo. Alguien de absoluta confianza con la sabiduría de vida requerida. Un rifado.

Aquí quiero hacer un énfasis porque este tema es importante, una parte esencial para tomar las decisiones correctas es la gente que nos rodea. Sí, nuestro "grupo de influencia" es elemental para poder llegar a donde queremos, porque a través de ellos sabremos elegir el mejor camino.

Y es que todo lo que pasa a nuestro alrededor nos marca, el entorno también es parte de lo que somos y actuamos influenciados por los que nos aconsejan. ¿Recuerdas alguna mala influencia que tuviste en la adolescencia? Todos tuvimos una en algún momento. Ahora, ¿recuerdas cómo te fue por hacerle caso a esa mala influencia? Bueno, pues eso no cambia. En todo momento y a cualquier edad nos podemos encontrar personas que son capaces de hundirnos. Pero tranquilo, no todo está perdido.

Afortunadamente, también tenemos personas que de verdad nos quieren y buscan lo mejor para nosotros. Gente con más edad y experiencia que con sus consejos pueden ayudarnos a llegar a donde queremos, a esas personas debemos tenerlas cerca, ¿cómo descubrirlas? Muy fácil, en el fondo todos sabemos qué está bien y qué está mal, qué consejos van con nosotros y cuáles no son correctos, hazle caso a tu instinto, visualiza a qué te va a llevar ese consejo, y así tomarás la mejor decisión.

Recuerda, una mala influencia nos deshace, una buena influencia nos hace.

Regresando al tema, después del *food truck* sabía que necesitaba una guía para arrancar de nuevo. Entonces, arranqué con el "casting", ¿quién será mi conejillo de Indias?:

"¿Mis hermanos?"

"Es difícil que sean mi guía estando tan lejos, necesito a alguien que esté cerca."

"¿Mi vecino?"

"Me cae muy bien pero no nos conocemos lo suficiente. Además, no habla español (¡otra vez con el idioma!)."

"Salir a conocer gente nueva y cazar a mi maestro."

"¿Y con qué dinero vas a salir a conocer gente, Dany? Además, ¡el tiempo se te acaba!"

Seguí haciendo mi lista de "candidatos" hasta que descubrí que el "gurú" perfecto lo había tenido siempre frente a mí. Una tarde me acerqué a "mi víctima" y la primera plática con la que me acerqué fue:

—Ey, suegro, ¿sabe que siempre me han encantado las ventas, no? Y pues ahora que usted está en el negocio de bienes raíces...

—Mmm... no, no sabía.

—¡Uta! ¡Yo soy un vendedor nato!

—¿Y qué experiencia tienes?

—¿... eh?

—Sí, ¿qué experiencia tienes?

—Ps... ps no. O sea, no necesariamente tengo experiencia, pero en el camión ya tenía clientes que nos visitaban porque platicábamos.

—¿Rentaste alguna vez un departamento o compraste alguna casa?

—Mmm... pues... pues no, pero, ¡...pero me encanta! De verdad, quiero hacerlo y sé que lo voy a lograr.

Con esa "amplia experiencia" me acerqué a mi suegro para ofrecerle "mis talentos natos". Así me convertí en su asistente. ¡Gracias eternas, Luis! No tenía idea de cómo empezar en este ambiente, no tenía un salario seguro, tampoco prestaciones y mucho menos un manual de cómo ser exitoso en el trabajo, pero empezaba a hacer algo diferente y, lo más importante, decidí hacerlo, quería triunfar.

Yo tenía fama como cantante, y en ese entonces no tenía ni idea de que algún día me dedicaría a las ventas; sin embargo, decidí escoger el éxito como prioridad y es una de las mejores decisiones que pude haber tomado; eso me obligó a abrir el panorama.

La vida de ensueño siendo parte del grupo musical terminó, pero mi deseo de ser exitoso no murió con él. Yo seguía comprometido con la idea de triunfar y sólo necesitaba enchufarme en una ruta diferente para lograrlo. Hay quienes se encuentran con un obstáculo en el camino y piensan: "Ok, aquí se acabó para mí", lo bueno es que eso no fue lo mío porque no lo creo así. Si estamos realmente comprometidos con nuestro sueño, no importa qué pase o cuántos baches nos encontremos, nuestra decisión es el propósito final y haremos todo lo que sea necesario para llegar a él.

Escoge primero el éxito, no importa en qué; después elige una profesión.

Para serte honesto, al principio no sabía si era capaz de lograr lo que quería porque, una: no había vivido en Houston; dos: no conocía gente a quien venderle; tres: no hablaba el idioma. Es más, ni siquiera conocía las diferentes zonas, ¿cómo podría tener éxito así? Lo que empecé a hacer fue asociar mi experiencia y habilidades con mi situación actual: "Si pude aprenderme coreografías y letras de muchísimas canciones, también puedo aprenderme datos de las casas y zonas".

No importa de dónde vengamos o si no tenemos la misma experiencia que nuestros colegas. Ser diferente también puede ser bueno. Tus habilidades —así sean culinarias, deportivas o docentes— le agregan valor a tu personalidad. Si puedes con un salón de alumnos de kínder o eres capaz de ayudar a un perro a tener a su cría, también puedes dominar las ventas. Lo que quiero decirte es que no importa lo que hayas estudiado o a lo que te dediques, siempre estás en el negocio de las ventas. Cada uno de nosotros tenemos una experiencia única y le damos su propia frescura o chispa a la práctica. Asume quién eres y piensa cómo tus habilidades pueden hacer resaltar tu carrera.

Con ese pensamiento arranqué en este mundo de los bienes raíces, y desde el principio me di cuenta de que ir a la oficina me emocionaba cada vez más, cuando llegaba me sentía más alto y mis hombros menos pesados. No tenía idea de cómo llegar del punto A (vender nada) al punto B (vender todo), pero estaba inspirado. Entendía que esto tomaría mucho trabajo e iniciativa; casualmente, la iniciativa era algo que yo tenía (desde que llegué al medio artístico sin carrera previa, hasta llegar a los Estados Unidos y montar un *food truck*). Me acuerdo que cuando salíamos a vender nos encontrábamos a los personajes más exitosos del ramo. Tenían camionetas del año, casa propia, estatus, reconocimiento, clientes y todo eso que yo quería tener. Habría que aprender también de ellos, entonces, en cuanto tenía oportunidad, me acercaba para descubrir en qué consistía su éxito. Me acerqué tanto que hubo ocasiones en las que tuve la oportunidad de verlos en acción con los clientes.

Me fijaba en la seguridad con la que les hablaban, los gestos que hacían, la forma de vestir, hasta las bromas que hacían. Una vez más, la vida me enseñó que para las ventas (y para todo), antes de vender una propiedad (o cualquier cosa) debes saber "atreverte". Y para atreverte debes tener claro quién eres, quién no eres y en quién te quieres convertir.

Gracias a esa claridad y experiencia que los colegas tenían, contaban con una vida llena de abundancia. Mientras yo, por lograr ayudar a un cliente a rentar un departamento de 600 dólares, recibía apenas 40. Sí, 40 dólares para mantener a mi familia. Pero si comparo mi ganancia con los siete dólares diarios que recibía de La Gordis, ya estábamos avanzando.

Arranqué por el principio: estudiar inglés y tomar la licenciatura en bienes raíces.

Como tenía el tiempo en contra, tomé la versión *fast track*: clases de lunes a domingo de ocho de la mañana a ocho de la noche.

No paraba de estudiar, y para comer sólo me alcanzaba para el paquete Cruji de 3.99 dólares. Claro, bebida no incluida. Aun con eso, seguí estudiando sin parar. ¡Tenía que aprobar ese examen!

¡Llegó el día! Era momento de mostrar todo lo aprendido y ganarme esa certificación que por varios meses había trabajado. Le di la primera ojeada al examen y parecía sencillo, sentía que todo lo tenía bajo control, empecé a contestar con la certeza de que ese título estaría enmarcado y colgado en la pared.

Terminé de contestar, lo volví a leer para cerciorarme de que nada había faltado, y cuando acabé me levanté de la butaca, entregué el examen y salí del lugar muy seguro de mí.

Salieron los resultados, fui a la lista de calificaciones con pasos acelerados. Busqué mi nombre mientras la voz interna decía: "¡¡Tú puedes, tú puedes, tú puedes!!" Por fin encontré mi nombre y a un lado estaba la calificación. La leí, e inmediatamente después la voz interna empezó a decirme: "¡Ah, caray! ¡No pudiste, no pudiste, no pudiste!" Efectivamente, había reprobado, ¿acaso te hice recordar algo?

Round two, ¡fight! Obviamente no me iba a rendir, ¡por supuesto que eso no iba a pasar! Además, era el primer intento. "No puedes exigirte tanto, Dany", seguía mi voz interna hablándome mientras me preparaba para la segunda vuelta. Esta vez será distinto, tomé un curso especial para afinar detalles y lograr la aprobación.

Regreso a la misma sala, me siento en la misma butaca y llega el examen a mis manos. Lo puse en la paleta de la butaca y antes de empezar a contestar empecé a leerlo lentamente al mismo tiempo que respondía las preguntas en mi cabeza: "Hoy voy a contestar más pausado, mejor pensado. Hoy no me van a ganar las prisas, ¡hoy tengo esa certificación!"

Me acerqué a la lista de resultados un poco más confiado, y estando ahí, supe que no, había reprobado por segunda ocasión. Me di la media vuelta y mientras caminaba rumbo a la salida ya estaba planeando mi tercer examen. "¡Tengo que estudiar más, tengo que prepararme más!" Y eso hice.

Dicen que la tercera es la vencida, ¿no? Bueno, pues soy la "excepción a la regla". Una vez más reprobé. Lo curioso es que esa tercera ocasión fue diferente, estaba saliendo del lugar y claramente sentía cómo se me empezaba a calentar la sangre, me hormigueaban las piernas y se aceleraba mi respiración. Es oficial, estoy encabronado. Tanto lo estaba que ya en la calle me detuve, me di media vuelta, y entré a la escuela para presentar el examen una vez más.

Si dejo pasar un día ya será tarde, ¡ahora lo paso porque lo paso! Tercera vez, reprobado. Cuarta vez, reprobado. Quinta, sexta, ¡séptima vez! Reprobado. Si pudiera hacer una analogía de esta experiencia, sería como si te estuvieran dando tantos golpes que ya no sientes ninguno, era como el boxeador que lo mandan a la lona por tercera vez en un solo round y se levanta en el conteo "dos" para seguir en la lucha como si nada hubiera pasado. Siempre incansable, siempre constante.

Nueve ocasiones, fueron nueve veces que presenté el examen hasta que logré la aprobación. Y cuando hago retrospectiva, probablemente me aceptaron por la perseverancia y no por el conocimiento. Imagino a los profesores viendo el examen y diciendo: "¡Ya pasen a este necio!" Y sí, definitivamente yo hubiera hecho lo mismo.

Mi alegría no cabía en todo Houston, cada vez que recuerdo esa emoción se convierte en un *déjà vu*. Y es que era mi logro, mi esfuerzo, mi victoria. Esto nadie me lo regaló, el atreverme y nunca vencerme me llevó a ese momento, un momento tan único que tenía que compartirlo. ¿Qué recuerdos te trae esto, qué has ganado que realmente hayas luchado incansablemente por obtenerlo?

Llegué a la oficina de mi suegro con dos botellas de vino tinto Frontera, no me alcanzaba para más, pero lo poco que tenía en ese entonces necesitaba compartirlo: "¡Señoras y señores, vamos a celebrar! Festejemos este premio a la constancia".

Una de las tantas cosas que nos enseña la claridad y la constancia es que ponemos a prueba nuestra capacidad de aprendizaje y tolerancia. Entre más aprendemos, más crecemos. Y una forma de crecer es siempre recordar de dónde venimos y cuánto nos costó llegar adonde estamos.

Hay una frase muy bonita que dice: "Lo que más te puede hacer fallar es el éxito". Entre más exitosos somos, más nos alejamos de lo que nos llevó a ese lugar, y ahí corremos un riesgo, el riesgo de olvidar las raíces. Es como si pusiéramos un gran columpio y después cortáramos el árbol.

Hay que aprender a nunca olvidar de dónde venimos para saber a dónde vamos, esa claridad mantendrá nuestro enfoque, y así ningún mal momento será capaz de destruir lo que hemos construido.

Nunca te salgas de tu claridad.

Llegar a un país y empezar de cero, trabajar de sol a sol sin paga ni pasión, caerse ocho veces, miles de experiencias que he vivido en esta aventura sólo me han enseñado una cosa: la persistencia es un recordatorio constante de que hay que luchar, y hay que trabajar muy duro, porque si todo fuera fácil, todo mundo lo haría. Las oportunidades hay que crearlas, sólo así las encontramos.

Hay una anécdota que me encanta de Thomas Alva Edison, el inventor de la bombilla eléctrica. Este científico hizo que su claridad fuera capaz de revolucionar la vida moderna (sí, la claridad te puede hacer cambiar al mundo), y para lograrlo tuvo una persistencia implacable para hacer realidad su visión.

¿Cuántas veces crees que falló para llegar a su meta? ¿Cientos? No, yo creo que falló miles de veces, ¡miles! Lo más bello de cada error era su respuesta: "No he fallado. Acabo de encontrar 10 000 formas de hacer que una bombilla no funcione".

No sólo tenía persistencia y claridad, también mostró una nueva forma de ver las oportunidades a través de los mismos errores y todo gracias a atreverse a hacerlo: "Los resultados negativos son tan valiosos como cualquier resultado positivo".

Entender que algo no está funcionando y saber el porqué es parte del mismo proceso para llegar a la meta, el error se convierte en una oportunidad. De alguna forma fue lo mismo que viví cuando presenté mi examen de certificación. Edison cambió el mundo completo, y yo cambié el mío gracias a estas oportunidades que se me presentaban aprovechando todo lo que tenía alrededor.

Para mí, la vida es como la luz, no sabemos con exactitud cómo llega a casa, pero la usamos. Tampoco sabemos cómo funciona el control remoto, los discos de vinil, teléfonos celulares, no tenemos idea de cómo funcionan muchas cosas, pero nos funcionan. Lo mismo pasa con la vida. Arriesguémonos más, usemos todas las herramientas que tenemos porque por algo están ahí y te están esperando. Todo depende de nuestra claridad y persistencia para encontrarlas.

Entre más claro lo tienes, más persistente eres. Y entre más persistente eres, más lo logras.

Hace unos años mi hija Cristianne decidió ser vegetariana, y desde sus nueve años ha tenido muy claro cómo alimentar su cuerpo de la mejor forma; su determinación la ayuda a lograrlo. A lo que voy con este ejemplo es que necesitamos estar cien por ciento convencidos de lo que queremos para tener los resultados que esperamos.

La persistencia no es un sentimiento que decidimos tener porque sí, la persistencia nace desde dentro, es algo así como un motor que nos impulsa para llegar a nuestras metas, y como todo motor necesita de combustible, es indispensable saber qué es eso que lo hace accionar. Ahora te pregunto: ¿cuál es tu gasolina? Descubrámoslo.

Hagamos un ejercicio, uno que ayudará a saber qué es lo que te mueve, sería algo así como "el primer pequeño gran paso para avanzar". Este ejercicio, aunque parece simple, necesita un pensamiento más profundo para conocer la razón verdadera de por qué queremos hacer las cosas. Tómate tu tiempo para llegar a la respuesta adecuada, entre más tiempo le des, más profundo llegarás.

Realmente es muy simple, consiste en lo siguiente:

- Busca un espacio donde estés solo y cómodo.
- Apaga tu celular y aleja cualquier objeto que te distraiga.
- Acércate una taza de té, café o agua.
- Pon frente a ti una hoja con una pluma, y como encabezado escribe: "¿Por qué?"

Sí, pregúntate "por qué". Por qué tu impulso, tu deseo, tu pasión. Para llegar a la raíz es muy importante contestarte varias veces la misma pregunta; gracias a esa repetición podrás llegar más profundo hasta encontrarte, hasta saber qué gasolina mueve a tu motor. Por ejemplo:

– ¿Por qué trabajas?

Porque así gano dinero.

– ¿Por qué quieres ganar dinero?

Para mantener a mi familia.

– ¿Por qué quieres mantener a tu familia?

Porque es mi responsabilidad.

– ¿Por qué es tu responsabilidad?

Porque soy el sustento de la casa.

– ¿Por qué eres el sustento de la casa?

Porque así lo aprendí en mi casa.

– ¿Por qué lo aprendiste en casa? (aquí el ejercicio empieza a profundizar).

Por tener el ejemplo de mi papá y mi mamá.

– ¿Por qué decidiste tener familia?

Por admiración.

– ¿Por qué los admiras?

Porque a pesar de que tuvieron muchos retos no se dejaron vencer y lograron sacar adelante a mis hermanos y a mí y lograron sus sueños.

– ¿Por qué es importante luchar por tus sueños?

Porque es parte de mi esencia.

– ¿Por qué es tu esencia?

Es lo que me hace sentirme pleno y le da sentido a mi vida, generar valor a los demás.

Hazte las preguntas las veces que sean necesarias, y cada una de ellas respóndelas desde la sinceridad más brutal que tengas, ¡rífate! Aquí nadie te juzga, nadie te señala. Recuerda, estás solo frente a una hoja de papel. Date la oportunidad de autoconocerte, porque sólo así nos hacemos más conscientes de nosotros mismos.

Quizá cuando llegues a la última respuesta, te sorprendas. Tal vez descubras que tu gasolina no es la que creías. Es más, puede ser que no llegues a la respuesta. Es por eso que el ejercicio necesita tiempo para pensarte, para analizarte, para ver hasta dónde llega tu conocimiento de ti. Y cuando lo hayas logrado, te darás cuenta de que hoy te conoces mejor que ayer, y eso es un primer gran paso.

Tal vez tardes una semana en encontrar tu respuesta, incluso un mes. Tómate el tiempo que sea necesario, pero no lo sueltes. Pregúntate una y otra vez. Incluso vuelve a echarles un ojo a las primeras preguntas y cuestiónalas, analízalas. Conviértete en un juez de ti sin consentimientos, sin justificaciones. Insisto, honestidad brutal ante todo. ¡Hazlo!

Cuando hice este ejercicio fue complicado al principio, empecé desde las cosas más banales, pero a medida que me volvía a preguntar, cuestionaba mis respuestas, "¿en serio ésta es mi razón?" Así estuve por algún tiempo hasta que encontré la respuesta, encontré la gasolina que me hacía moverme: desde muy chico fui un niño de convicciones, y una de ellas era "lograr algo". Nunca imaginé mi vida sin dejar huella en algo o alguien, y todo lo que hacía siempre fue en búsqueda de dar más, de marcar la diferencia. Ésa fue mi primera gasolina, y en la medida en que pasaba el tiempo, a esa gasolina se le iban sumando cosas, porque después llegaron mi esposa y mis hijos. Lo que antes era un "hacer algo mejor para mí" se convirtió en "voy a hacer algo para mí y mi familia". Ellos han sido y son mi razón para levantarme y dar mi mayor esfuerzo, son mi inspiración para seguir avanzando y que a ellos no les falte nada.

Al entender de dónde viene la persistencia y lograr claridad, se empieza a crear una especie de "efecto dominó". Hacer ese primer ejercicio es como una llave que te puede abrir la puerta a otras nuevas, y cada una de esas puertas te puede dar la oportunidad de saber más de ti y entender hasta dónde eres capaz de llegar, lo importante es hacerlo consciente para desarrollarlo y aplicarlo.

Ojalá hubiera tenido esa claridad cuando estaba en Mercurio, pues habría tomado mejores decisiones, hubiera reaccionado de mejor forma ante todo lo que estaba a mi alrededor, entendería y valoraría mucho más el papel que me tocaba desempeñar. Pero bueno, por algo pasan las cosas en su tiempo y forma. En esa época todo era tan fácil que hasta parecía incómodo, borroso. Tan borroso fue, que terminé alejándome de los escenarios, le di gracias a todo lo que me dio, y tomé un nuevo reto en Estados Unidos, siendo alguien más buscando otra cosa en su vida.

Sí, la claridad también me hizo expandir mi zona de confort.

Resumen

- *La claridad y constancia son elementales para llegar a donde uno quiere.*
- *No vendemos productos, vendemos experiencias.*
- *Que tu ilusión sea más grande que tu dolor.*

- *La constancia se basa en seguir teniendo la disposición a no rendirte y hacer lo necesario para crecer, y depende de lo que somos, no de lo material.*
- *La claridad implica ser honesto y reconocer nuestras limitantes.*
- *Aunque a veces el camino sea distinto, el destino no cambia.*
- *Si estás realmente comprometido con tu sueño u objetivo, no importan los obstáculos que enfrentes, harás todo lo que sea necesario para llegar a tu propósito final.*
- *Tus habilidades le agregan valor a tu personalidad.*
- *Todos estamos en el negocio de las ventas, no importa a qué te dediques.*
- *En la vida debes de saber venderte y para eso hay que tener claro quién eres, quién no eres y en quién te quieres convertir.*
- *Nunca debemos olvidar de dónde venimos para saber a dónde vamos, esa claridad hará que te mantengas enfocado y que nada destruya lo que vas construyendo.*
- *Entender que algo en el proceso falla y saber por qué, es parte de llegar a la meta; el error se convierte en oportunidad.*

2

Expande tu zona de confort

Y hablando de la zona de confort, ¿has escuchado la frase "me asusta, pero me gusta"? Algo así se siente al "expandir" la comodidad. Y es que siempre estresa dejar un espacio conocido para llegar a un lugar donde no sabemos lo que va a pasar. Lo bueno de tener el valor para hacerlo es que nos estamos dando la oportunidad de conocer más de nosotros y saber hasta dónde podemos llegar.

Si pudiera ilustrar la frase "expandir mi zona de confort", sería como si estuviera en medio de varios pilares donde me siento seguro, protegido. Sé de qué lado sale el sol y en qué parte se oculta, sé dónde encontrar sustento, calor. Conozco cada centímetro del espacio y tengo dominio total del mismo. ¿Cómodo? Sí. ¿Suficiente? Por dentro, sabía que no.

¿Qué pasa después? En mi caso, la claridad me hizo ver que esa vida que tenía no era suficiente, y por más cómodo que estuviera, tenía que moverme. Y sí, sabía que me iba a costar. Tenía que sacrificar lo que parecía una vida ideal y ensuciarme las manos para descubrir nuevas habilidades, por ejemplo, descubrí que mi habilidad es convertir una venta común en toda una experiencia.

Gracias a esa expansión de la zona de confort empecé a tener más iniciativa y eso me hizo avanzar. Ponía más anuncios en Craiglist (el buscador de anuncios clasificados), trabajaba en ser menos tímido cada día, empecé a sentirme cada vez más cómodo con las ventas. Fue un proceso con algunos baches, pero siempre seguí adelante.

Conforme fui cerrando más ventas, mi motivación siguió creciendo. De repente, pasé de "espero juntar para los gastos del mes", a "con esta comisión cubro algunos meses de gastos y las vacaciones a Cancún que nos urgen". Y todo eso gracias a rifarme para expandirme.

Entendí que las ventas son como una carrera, sin embargo nadie nos dirá qué tipo de carrera es hasta que la estamos corriendo. Hay momentos en los que una venta que parece sencilla toma años cerrarla; hay otros en los que la venta pasa tan rápido que nos sentimos unos genios y que el éxito está muy cerca. Por eso siempre hay que tener buena condición, estar preparado para todo, porque nunca sabemos qué tan lejos está la meta.

En este proceso encontré algunas reglas básicas para poder incrementar mi éxito en bienes raíces, te las comparto:

Regla número uno:

Nunca te enfoques de más en un solo trato. No vives o mueres por una venta.

Regla número dos:

Nunca te preguntes "qué sigue" porque tu siguiente trato ya debe estar corriendo.

Regla número tres:

Siempre estás rodeado de oportunidades; para hacer contactos, para generar un negocio nuevo, mantente siempre alerta buscando nuevos prospectos.

Regla número cuatro:

Toma la misma cantidad de energía trabajar en un prospecto que cuatro o cinco o incluso seis.

Regla número cinco:

Tú controlas la cancha, tú sabes cuáles jugadores (clientes) manejar primero, cuáles rápido y cuáles requieren más tiempo y atención.

Regla número seis:

No sólo avientes frisbees al aire, pon atención en dónde cae cada uno de ellos. O sea, ¿de qué sirve hacer miles de contactos si no estás al pendiente de ellos, qué hacen, dónde están, qué necesitan, etcétera?

Después de una racha bastante limitada y gracias a todos estos conocimientos, paciencia y persistencia, logré recuperar lo que había perdido. Tan es así que con las ganancias que recibía ya podíamos darnos nuestros gustos. Nos volvimos socios de un campo de golf. En el campo estábamos Emilio, José Luis, Gerardo y el buen Pete (Pedro, pero así le decíamos por estar en los Estados Unidos), nuestro caddie. Pete era todo un personaje, vestido con pantalón caqui, camisa blanca abotonada, zapatos negros con vivos blancos y siempre oliendo a loción para después de afeitar, él se convirtió en algo así como el amigo que todos quieren tener. Y es que siempre te recibía con una sonrisa, conocía a la perfección el campo y tenía ocurrencias que sólo los latinos entendemos.

Todos los sábados, exactamente a las 10 de la mañana, llegábamos al campo y Pete ya nos estaba esperando. Después de una semana de mucho trabajo, el ver a Pete, platicar, reír y olvidarse del día a día se convertía en todo un premio.

Ya con nuevos amigos y con un negocio en pleno crecimiento, todo empezaba a tener sentido. Cada día me sentía más empoderado y, sobre todo, orgulloso de lo que se estaba logrando. Definitivamente ya nada me detendría.

Lunes 29 de septiembre de 2008, 8:35 a.m., una mañana como cualquier otra, terminaba de abotonarme la camisa mientras de lejos se escuchaba al perro del vecino ladrándole al repartidor de periódicos, pájaros cantando desde los árboles y el olor del café que salía de la cocina.

Bajé las escaleras y me tomé un café mientras armaba en mi cabeza lo que tenía que hacer. Insisto, era un día como cualquier otro.

Prendí el auto y tomé el *freeway* rumbo a la oficina. Estaba a 10 minutos de llegar cuando recibí una llamada, era mi asistente (ah, porque hasta tenía asistente):

—Hola, Dany, buenos días.

—¡Hola, Erika! Buenos días. ¿Cómo estás? ¿Qué pasó?

—Es que, pasó algo.

Por temas de la bolsa, el negocio de bienes raíces y créditos hipotecarios en los Estados Unidos tuvo una sacudida "histórica" (así le decían los especialistas), el mercado cambió y todo se fue a números rojos. Así, de un día para otro. Los principales diarios lo reseñaron.

Por todos lados se veía:

"Crisis en Wall Street", *The Guardian*.

"Stock Market en su caída más grande desde la Gran Depresión", *The Wall Street Journal*.

"Pánico en el mercado inmobiliario", *The Washington Post*.

Esperen, ¿cambió? ¡Cómo que cambió! ¿O sea que todo lo que he aprendido en estos seis años se fue a la basura? ¿Qué va a pasar con los clientes que tengo en proceso? ¿Sus casas? ¿Sus familias? ¿Me quedé sin trabajo? No entendía nada... Esperen, ¿¡y mis comisiones!? ¡Tengo dinero invertido! Dinero que incluso ya está gastado en planes, comida, ropa. ¡Pete me está esperando en el campo de golf y no puedo faltar! ¿De qué me están hablando? Pues sí, con la caída del mercado todo cambió de dirección y mucha gente, con el triple de experiencia que yo, se fue a la quiebra en sólo días. Una de las partes importantes al expandir la zona de confort es que no sabemos lo que nos espera, es por eso que debemos estar bien preparados. Incluso debemos atrevernos a perder una que otra batalla, pero nunca la guerra.

En mi caso, ejercité mi resiliencia, es decir, me preparé mentalmente para recibir lo que fuera. ¿Cómo lo hice? Leí muchos libros, asistí a varios cursos de autoayuda, escogí a las personas correctas para dejarme guiar por ellas. Me dediqué a visualizar y potencializar mis fortalezas para así depender de mis habilidades y no de lo que pasaba alrededor. Sin importar si algo repentino sucedía, tenía la estabilidad emocional para poder sacar las cosas adelante. Y aunque hubo veces que me sentía acabado, siempre había una luz.

Todos los días me enteraba de colegas que se declaraban en bancarrota, todos los días durante algunas semanas. En medio de esta época —casualmente un martes— me levanté para ir a la oficina, abro la puerta y lo primero que veo es mi escritorio gris "minimalista", una computadora de escritorio, fólderes apilados, lápices, plumas, un pizarrón de corcho con varios post-it clavados y tres mace tas de piso, todos esperándome para estresarnos juntos. Me quedé parado ahí, sólo mirando. La verdad no recuerdo cuánto tiempo estuve así, estaba como ido. De repente caminé rumbo al escritorio, dejé mis cosas en la mesa y me senté en el piso, me apoyé en la pared y miré a un punto fijo, ¿ya sabes? Como que ves y no ves. Pasé un rato en ese trance y de repente, de la nada, me empezaron a salir lágrimas. No me movía, seguía así, mirando ese punto en la pared en completo silencio.

Ya cuando el dolor se volvió insoportable, agaché la cabeza, me llevé las manos a la cara y empecé a llorar, lloré como hace mucho no lo hacía.

Hay diferentes tipos de llanto, hay llantos de coraje, de alegría, de frustración, ¡y este llanto era de los muy feos! Y es que realmente esto me pegaba fuerte, ¿cómo haría para seguir en el negocio de *real estate* cuando la economía se había caído en pedazos? Estaba prácticamente sin dinero (otra vez), ya hasta me veía pidiéndole a mi suegro que nos dejara vivir de nuevo en su casa.

En eso, entra una llamada, era mi esposa Ahiri. ¿Has escuchado eso de que "llamas a la gente con el pensamiento"? Bueno, pues creo que eso hice, ella sintió que la necesitaba y ahí estaba llamándome:

—¿Qué te pasa? (Ahí me volví a romper.)

—Es que ya, ya se acabó. Ya no hay más para mí. Todo lo que he venido haciendo se ha caído y no sé qué voy a hacer, no sé qué va a pasar.

Y entonces, ella me rescató:

—Dany, no te preocupes, todo pasa por algo y las cosas se van a acomodar, se va a lograr. O sea, si tienes que llorar, llora. Pero después levántate, mira de frente y camina. Ahorita nada más es un bache como muchos otros antes, no pasa absolutamente nada. Vamos a sacar las cosas adelante.

Esa llamada era lo que necesitaba. Ahiri me estaba ayudando a ver el otro lado de la moneda. Afortunadamente lo tomé así, porque en medio de mi crisis pude haber pensado que ella no tenía idea del mercado ni de todo lo que yo estaba pasando en ese momento, pude mandar todo al carajo y regresar a buscar un empleo en un corporativo, abrir otro *food truck*, incluso buscar la forma de regresar al ambiente artístico, pude quedarme sentado llorando y darme por vencido, o levantarme, recuperar una parte de lo que había perdido, arriesgarme y comenzar de nuevo. Me fui por la última opción gracias a ella (así trabaja un grupo de influencia positivo).

Después de escucharla, me calmé de a poco, me sacudí el fracaso y la mala vibra. Cuando acabé, tomé aire y empecé a concentrarme en lo importante: "Tengo que recuperar lo que tenía, debo saber cómo hacerlo y a dónde ir".

Para que la zona de confort se expanda, existe un poder muy importante que debemos tener: "El poder de la iniciativa". Sé que puede sonar loco, pero esos momentos en los que nos sentimos atrapados, que pensamos que nunca vamos a cerrar ese trato o que nunca tendremos otro cliente, la iniciativa nos saca del hoyo. Agarra el teléfono y haz llamadas, manda correos, dales seguimiento a los prospectos, haz lo que tengas que hacer, pero ¡haz algo! Tener iniciativa es como respirar, no podemos sobrevivir si no lo hacemos. Por eso es tan importante tenerla en todo lo que se nos ponga enfrente, sólo así podremos llegar a donde queremos.

Ya con la tranquilidad que necesitaba, lo primero que tenía que hacer era recuperar las comisiones pendientes, ¡tenía que recuperar mi dinero! Y así, sin pensar y con toda la decisión, prendí mi coche y tomé camino rumbo a la empresa que hacía los préstamos hipotecarios con la que trabajaba.

¿A qué iba? A encontrar una solución. ¿Con quién? Con quien tenga que hablar. ¿Qué esperaba tener? Sólo lo que me pertenece, porque ese dinero era resultado de todo mi esfuerzo.

Llegué a la empresa y pedí hablar directamente con el dueño. Sí, con el dueño. Si alguien podía solucionar mi problema, era él. Pues con él fui.

Sí, lo sé, sé que has de estar pensando: "Dany, ¡es el dueño! Ni en broma te va a recibir y menos va a solucionar tu problema, ¿qué no ves cómo está la situación?" ¡Claro que sabía cómo estaba la situación! Pero tenía que atreverme. Además, contaba con una pequeña gran ventaja: meses antes de que se desatara todo esto había recibido un reconocimiento por parte de su empresa gracias a mi desempeño y producción. Tenía muy buenos números y el dueño lo sabía. ¡En algo iba a servir esto!

Esperé en la recepción, la señorita hablaba por teléfono y después de colgar me dijo: "El licenciado lo está esperando, último piso, saliendo del elevador a la derecha".

Entré al ascensor acompañado de tres personas, dos mujeres y un hombre. Entre ellos platicaban del recorte de personal que estaban pasando, todos estaban muy nerviosos, estresados. Entre ellos se preguntaban quién sería el siguiente, y mientras escuchaba sus predicciones, yo tenía la cabeza puesta en solucionar mi problema, nada me importaba, tenía que resolver esto.

Se abrió el elevador en el último piso, salí, y cuando giré a la derecha, el dueño ya me estaba esperando. Nos saludamos, entramos a su oficina, me senté, y en cuanto lo hice, me preguntó en qué me podía ayudar. Así, sin darle tanta vuelta al asunto.

Creo que mi monólogo duró como seis minutos, y aunque el dueño ya me conocía, no tenía ni idea de mi situación. Le recordé quién era y lo que necesitaba, sin duda tenía una determinación muy clara y las palabras fluían. Recuerdo que mientras hablaba, él me miraba sin hacer un solo gesto, sólo estaba ahí, inmóvil, mirándome a los ojos. Cuando terminé de hablar se hizo un silencio incómodo. Se llevó la mano a la barbilla mientras pensaba, sin decir una sola palabra... la moneda estaba en el aire.

De repente se levantó y me pidió que lo acompañara. Tomamos el elevador, y mientras bajábamos, me platicaba de lo mal que también la estaba pasando, su empresa estaba por declararse en bancarrota, pero creo que me vio tan desesperado que se compadeció de mí diciéndome: "No te preocupes, ahorita lo solucionamos".

Salimos del corporativo y caminamos una cuadra hasta llegar al banco, nos sentamos con un ejecutivo, y como su empresa estaba muy cerca de la quiebra, de su cuenta personal me extendió un cheque por 8 000 dólares. ¡De lo perdido, lo encontrado!

¿Sabes cómo me sentí? ¿Has experimentado la sensación de estar sin dinero, ponerte un pantalón que hace mucho no usabas, y cuando metes la mano a la bolsa te encuentras un billete? Bueno, algo así sentí. Con la diferencia de que "ese dinero del pantalón" me dio para vivir los siguientes meses. Ese dinero me ayudó para dejar los préstamos y aplicarme en bienes raíces, de manera que pude acoplarme al cambio del mercado instalándome en una nueva zona y vendiendo casas de mucho mayor valor.

Hay veces que no sabemos dónde está la solución a nuestros problemas, lo que es claro es que muy pocas veces las soluciones llegan solas, casi siempre hay que buscarlas. No esperemos ganarnos la lotería cuando no compramos un boleto, ¿me explico? La vida es un constante trabajo-beneficio.

Jean, mi hijo de 16 años, hoy tiene su primer trabajo. Después de pasar por algunas entrevistas en diferentes lugares, un restaurante de crepas le dio la oportunidad. Obviamente entró sin saber absolutamente nada de cómo se trabaja en un restaurante, pero para él cada día es una nueva experiencia, aprende nuevas habilidades, y hoy hace unas crepas deliciosas. Enseñanza: ganar una nueva habilidad es un claro ejemplo de cómo expandir la zona de confort.

– ¿Quieres enamorarla? Llámale.

– ¿Quieres un cliente? Búscalo.

– ¿Quieres un título? Estudia.

– ¿Quieres que te compren? Aprende a venderte.

Una vez tuve una clienta que se llamaba Ana; ella recién llegaba a Estados Unidos y buscaba una casa, le estuve enseñando varias opciones por meses hasta que al fin se decidió por una. Empezamos con el trámite, todo marchaba bien, pero cuando le llamé para decirle que la compañía de título solicitaba su presencia para firmar los papeles de la casa, me dijo: "Dany, estoy en México con siete meses de embarazo, no hay manera de que viaje ahorita".

Lo primero que pensé fue: "¡Ana Claudia! ¿¡Es en serio!?" Después de tantas opciones y tanto tiempo ¿perder la casa porque no puedes viajar? ¡No puede ser!

Agarré los papeles, pasé a casa por mi maleta y compré un boleto de avión, asiento 7A, con destino a Monterrey, Nuevo León. Bajé del avión, tomé un taxi, pasé por Ana y fuimos a la embajada estadounidense para poder firmar los documentos, regresé ese mismo día a Houston sabiendo que había hecho absolutamente todo lo necesario para darle ese servicio que mi cliente merece.

Todo requiere de un esfuerzo, y más en el área de ventas, donde a veces te toca jugar un juego donde las reglas no las pones tú. Mi cierre de contrato con Ana sólo funcionaría si yo estaba dispuesto a hacer a un lado mi ego y dejar que ella pusiera las reglas. La gente está constantemente mandando señales de lo que necesita y lo que espera. En el caso de Ana, ella realmente quería la casa, pero por supuesto, primero estaba su salud y el bienestar de su bebé, no iba a poner en riesgo a ninguno de los dos por una casa, así eran las circunstancias, y si yo quería darle resultados, tenía que moverme me gustara o no.

> Como vendedores, debemos saber escuchar y analizar muy bien a nuestros prospectos.

Claro que pude poner mil pretextos, pude haberle dicho: "Cuando nazca tu bebé nos vemos y buscamos más opciones". Pero ¿eso hubiera cambiado algo? Seguramente habría perdido la venta y Ana hubiera buscado a alguien más, pero estar en ventas también implica estar al servicio de los demás, y eso significa que en ocasiones debemos ser flexibles y jugar las reglas de alguien más.

Para mí no se trata sólo de dejar todo por ir a atender a un prospecto, se trata del compromiso que llegas a tener con cerrar un trato, no importa si es grande o pequeño.

En el mundo hay muchísimas personas que sólo aceptan a clientes o negocios fáciles, que no están dispuestos a correr riesgos o a hacer todo lo imposible. Es mucho más fácil enfocarse en lo que puede salir mal o lo complicado que será; sin embargo, nada de eso debe frenarnos para decir ¡va!, porque ese ¡va! nos va a llevar a donde queremos. Yo lo hice, empecé a atreverme, y en la medida en que lo seguía haciendo el miedo desaparecía poco a poco hasta llegar a un grado donde todo lo que quisiera lo podría alcanzar, ¡y lo alcanzaba! En poco tiempo me recuperé y hasta hice más, todo gracias a la sacudida que me dio el mercado, a estar dispuesto a expandir mi zona de confort.

Hay veces que lo haces porque quieres y otras porque las circunstancias te lo exigen.

Steve Jobs, unos de los visionarios más increíbles que ha tenido el planeta, CEO de Apple, en 2005 dio una plática en la Universidad de Stanford en California y dijo algo que me encanta: "No puedes conectar los puntos mirando hacia adelante; sólo puedes conectarlos mirando hacia atrás. Así que debes confiar en que los puntos se conectarán de alguna manera en tu futuro. Tienes que confiar en algo: tu instinto, tu destino, tu vida, tu karma, lo que sea. Este enfoque nunca me ha defraudado y ha marcado la diferencia en mi vida".

Hoy digo: "Qué bueno que pasó lo de la caída del mercado", porque eso me llevó a este lugar donde estoy ahora. El mercado de bienes raíces se tuvo que caer, tuve que derrumbarme, llorar en el piso, ser salvado, agarrar fuerzas y recibir apoyo de mi esposa, y de ahí, creer en lo que merezco, tener esa determinación y luchar para encontrarme donde hoy estoy. Si te aferras al punto uno no puedes llegar al punto dos.

Lo mejor de expandir nuestra zona de confort es que nunca termina. Un ejemplo: si esto lo aplicáramos a mi vida, expandir mi zona de confort me ayudó a cerrar la venta de una casa, y Paulina (mi cliente) estuvo tan contenta con el servicio, que me recomendó con su cuñado que quería comprar una residencia en una zona de alto valor, el problema es que era una zona que no conocía. ¿Qué hice? Me documenté, entendí la zona y reconocí tanto sus puntos débiles como los fuertes. Ya cuando sabía qué terreno pisaba, ¡actué! El resultado fue un cliente que adquirió la casa de sus sueños en la zona que quería y yo una nueva área que ofrecer a mis clientes, ¡... ahhh! y una muy buena comisión, ¡todos ganamos!

En el negocio de las ventas tenemos que conocer personas todo el tiempo y estar siempre abiertos a las posibilidades.

"Cualquier lugar y cualquier persona puede convertirse en nuestro siguiente cliente."

Si llegas a una reunión donde no conoces a nadie, y entre todas las personas te topas con un personaje de 2.15 metros, barba larga canosa, pantalones caqui, camisa azul, saco rosa y sombrero de solapa, piensas: "Qué raro tipo, ¡puede ser mi siguiente cliente!" Te acercas y pones atención a todas las posibilidades para saber en qué momento mueves tu primera pieza. Eso de mover la primera pieza siempre es complicado, pero no debe detenerte.

Arriesgarte y expandir la zona de confort puede llevarte a un lugar mucho mejor y más grande del que alguna vez imaginaste.

Ventajas de expandir la zona de confort:

- No conoces la mediocridad
- Te da la capacidad de sorprenderte
- Conoces habilidades de ti que no sabías
- Elimina prejuicios
- Cambia tu pensamiento
- Crece tu confianza y autoestima
- Sabes que "se puede"
- El error se convierte en una oportunidad
- Creas nuevos vínculos
- Encuentras nuevas metas
- Valoras lo que ya tienes
- Creas autoexigencia

– Tu pensamiento es más abierto

– ¡Nunca te aburres!

El "expandir tu zona de confort" también es un término utilizado en la psicología; en 1908 los psicólogos Robert M. Yerkes y John D. Dodson descubrieron que un estado de comodidad crea un nivel constante de rendimiento (ni más ni menos). Pero también mencionaron que para mejorar ese rendimiento se necesita experimentar cierto grado de ansiedad, que nace al salir y conquistar un espacio no conocido en el que el estrés aumenta. Ellos llamaron a ese espacio "ansiedad óptima", y descubrieron que esta zona está justo fuera de los límites de la zona de confort. Así crearon lo que se conoce como la ley de Yerkes-Dodson. Básicamente dice que cuando la excitación aumenta, el rendimiento también lo hace; pero cuando la excitación es demasiada, el rendimiento disminuye. Por ejemplo, si tienes un examen o una presentación al siguiente día, el estrés hace que tu cerebro se enfoque en el contenido y lo retengas mejor, pero si tus nervios son demasiados, te paralizas y te cuesta más trabajo concentrarte.

¿Ves? Hasta tu naturaleza lo pide.

Trabajar en expandir la zona de confort es como subir una escalera, frente a ti está un peldaño, y cuando llegas a él se encuentra otro, y luego otro, ¡y otro más! Y cada vez que avanzas llegas más arriba, te acoplas a la altura, al espacio, y cuando lo tienes dominado das el siguiente paso.

Sí, puede ser que en algún momento te resbales, pero ese descuido te enseñará a subir más rápido y con más precaución, no existe error que no te enseñe algo nuevo.

Lo importante al seguir subiendo es crear cimientos en cada peldaño para que tu escalera no se desmorone, porque si tus peldaños están hechos de papel, barnizados con sólo ilusiones o ideas, tu escalera no va a tener un buen sustento, no tendrá una buena madera. Por eso nunca hay que olvidar las raíces, de dónde vienes, lo que pasaste y lo que aprendiste. Ya lo decía Steve Jobs: "Hay que mirar hacia atrás para poder conectar los puntos".

Eso sí, sin clavarse con las heridas, las carencias o lo que sea que te pueda hacer sentir que no puedes o no te mereces, se trata de tomar lo que te sirva y usarlo como inspiración, no de victimizarte y justificar por qué no lo has logrado.

Otra característica es que pone a prueba nuestra capacidad de adaptación, y esta parte es muy importante, porque, créeme: "Si no crecemos, morimos".

Es ley de vida, y es que, si nos fijamos, todo funciona así: si el cuerpo no crea anticuerpos para adaptarse a la comida y al ambiente, enferma. Si los animales no se preparan para el invierno, mueren. Si Dany no se pone las pilas y se adapta a la nueva estructura del mercado, ¡muere! Lo vi cuando cayó la bolsa. Negocios en general tuvieron que cerrar sus puertas, y en bienes raíces fue toda una carnicería, muchas empresas quebraron y dejaron a miles de personas sin trabajo por no tener la capacidad de adaptarse al mercado. Así es la vida.

Voy a poner un ejemplo que vivimos todos: marzo de 2020, todos teníamos proyectos en marcha, vacaciones, bodas, conciertos, y de repente, llega la noticia de que se suspende la vida prácticamente por completo. Sí, el año covid.

Cuando recién empezaba a correr la noticia de esta enfermedad no sentía tanta preocupación. "Debe de ser una epidemia como la influenza, ya hemos vivido ese proceso, seguro pasará rápido."

Pasó el tiempo y el bicho empezó a demostrar su poder: "Primer caso en Reino Unido", "Se registran cinco personas con covid en España", "Familia alemana da positivo después de un viaje a Francia", "Coronavirus llega a los Estados Unidos".

¿Estados Unidos? ¿Dijo Estados Unidos? Sí, el virus cruzó el mar y llegó al país donde vivo. Recuerdo que en ese entonces todos platicábamos del tema pero ninguno sabía de algún caso cercano. Entre todos los conocidos preguntábamos si sabían de alguien con la enfermedad y ninguno de ellos tenía, ni ellos o uno de sus familiares, o un amigo, o un amigo del amigo del amigo, en nuestro círculo no había nada. Era como una "leyenda urbana" donde todos juraban que existía, pero nadie lo había visto.

Una semana, dos, en menos de un mes, Estados Unidos se convirtió en el número uno en contagios. ¡Estos estadounidenses tan competitivos!

Nadie, absolutamente nadie sabía lo que iba a pasar. Este virus nos agarró por sorpresa a todos y lo que antes era una vida cotidiana donde salías, saludabas al vecino, ibas al gimnasio, al cine y a reuniones familiares, se convirtió en una zona de guerra donde estábamos perdiendo, y perdiendo a lo grande. Una expansión de la zona de confort a nivel mundial "patrocinada" por un bicho capaz de enfermarnos de los pulmones y de la cabeza. Sí, este bicho también es una enfermedad de la cabeza. Lo es porque aun sin estar contagiado, la situación te enferma de aislamiento, de soledad, esta enfermedad tiene la capacidad de enfrentarte a tus demonios (sí, esto de expandirse tiene sus retos).

Pasó el tiempo y sentía que la enfermedad se acercaba cada vez más, se empezaron a escuchar casos de "amigos de amigos" que se contagiaron. Con estas noticias que se escuchaban cada vez más, estuve obligado al encierro con la incertidumbre de no saber cómo sería el día siguiente, y la incertidumbre con el encierro me hizo perder la noción del tiempo. Ya no sabía si era lunes, jueves, domingo... abril, julio, todos los días y los meses eran los mismos, y la monotonía era tremenda y extremadamente peligrosa.

Pasaban los días y yo, con el afán de acoplarme a esta dinámica de no poder salir, trataba de levantarme haciendo las cosas de rutina como si nada pasara. Ya sabes, levantarte temprano y con muchas ganas, hacer ejercicio, platicar de la escuela de los niños, ir por la despensa, componer algo en la casa, pero la verdad es que cada vez se volvía más difícil ignorar al "ratoncito de mi cabeza" dando vueltas con pensamientos como:

"¿Y si el mercado se desploma otra vez?"

"¿Qué hago si Ahiri o mis hijos me odian por NO trabajar?"

"¿Y si me da covid?"

"¡Creo que me está empezando a doler la garganta!"

"Ay, ¡creo que ya no huelo nada!"

"¿Te imaginas que ya nadie te compre nada?"

Diario me levantaba con algún temor, y es que era muy complicado ser optimista pensando que podría seguir vendiendo casas. Recuerdo una junta en la oficina con Luis y Matías, mis socios, tratando de decidir si seguíamos adelante con los proyectos de crecimiento o si nos encerrábamos por el miedo a ser contagiados. Después de algunas horas, creímos que lo mejor era esperar. Recuerdo que en cuanto salí de la junta, tomé mi teléfono para entrar al banco y ver cuánto dinero teníamos, estaba calculando para cuánto tiempo nos alcanzaba lo que teníamos ahorrado. Las vacas gordas estaban a dieta y tenía que prevenir.

Pasaban los días, y mientras nuestros ahorros se hacían menos y crecían las deudas, me enteraba de muchas historias de gente que se quedó sin trabajo, otros que empezaron a enfermar, algunos cerraron sus negocios, se respiraba mucha tensión por todos lados, tensión que tuvimos que aprender a domar.

Hemos estado descubriendo que en este encierro —en esta expansión de la zona de confort— hemos tenido que pelear batallas que no imaginamos, en donde te gana la negatividad, el miedo, el estrés. Los días empiezan a tener 35 horas y cada una de ellas se vuelve más estresante, tan estresante que podemos llegar a tener ataques de pánico; yo los tuve.

Levantarme de un solo golpe en la madrugada porque no podía respirar, empapado en sudor, y con la cabeza diciéndome: "¡Esto se acabó, esto se acabó!" Es horrible, créeme, sé de lo que hablo. Y lo peor era que al pasar esa noche, me despertaba cansado, ojeroso, y exactamente en el mismo lugar que el día anterior. En la misma casa, en el mismo país, con el mismo miedo y con un poco más de incertidumbre.

Tanto estrés tenía que reflejarse de algún modo, empezaban a incomodarme cosas que antes no lo hacían, amanecía de mal humor y estaba así todo el día, quería estar aislado. Obviamente todo este malestar iba a salpicar, y le tocó a mi familia. Mi esposa y yo empezamos a pelear por todo y nada. Ya eran tantas las peleas y me sentía tan desesperado que una noche, ya cansado de la situación, pasó por mi cabeza dejar todo, terminar con esta relación que se estaba volviendo tóxica, incluso más enfermiza que el mismo covid, ¿te pasó algo similar?

Fue entonces cuando me asusté de mis propios pensamientos, algo estaba pasando conmigo y necesitaba solucionarlo. Busqué de dónde venía mi desesperación, descubrí que esta pandemia me estaba ganando y necesitaba canalizarlo, tenía que dejar de discutir por cosas innecesarias, dejar de ser parte del estrés y enfocar mi atención en cosas nuevas que me dejaran aprender, ¡no podía quedarme donde estaba!

Empecé a ver a mi alrededor y entendí que todo el estrés que sentía era lógico, y además no era el único, ¿acaso mi esposa no tenía miedo? ¡Claro que sí! Incluso más que yo, ella también estaba luchando con su estrés. Lo mismo pasaba con mis hijos al no poder ir a la escuela para ver a sus amigos, estar encerrados con unos papás que estaban tan estresados como ellos, ¿qué esperaba que pasara? ¿Cómo creía que mis hijos iban a actuar?

El miedo también lo vivían mis suegros por ser contagiados, la familia del vecino, el país, el continente, el mundo. Todos estamos pasando por un momento de crisis. ¡No estás solo, Dany! Tener miedo no está mal, lo importante es saber de dónde viene para trabajarlo.

Lo mejor que uno puede hacer es alejarse de los momentos que se vuelven estresantes, como dejar de ver noticias, por ejemplo. Lo que yo hice fue cambiar esos malos ratos por nuevas actividades, actividades que me ayudaran a olvidarme un poco de todo lo que pasaba, es como si mandaras de vacaciones a tu mente.

Con mi hijo Jean y con Alex Sirvent hicimos un taller de composición vía Zoom, donde aprendíamos a escribir canciones y poníamos en papel nuestros sentimientos.

Andre, mi otro hijo, Ahiri y yo nos enfocamos en el ejercicio y en las tardes con Cristianne y Darelle, mis hijas, pintábamos "obras de arte" para demostrarles a los médicos y enfermeras nuestro agradecimiento y cariño.

También retomé el gusto por la lectura. Desgraciadamente es un hábito al que no se le da el valor que merece, pero en mi caso esta opción me ayudó a entender mejor cómo me sentía, qué quería, y lo que tenía que hacer. Leer también me ayudó a convertir el problema en una oportunidad.

A lo que quiero llegar con esto, es que, para poder adaptarnos a una nueva situación, se necesita un cambio de costumbres, porque las que tenemos hoy no son compatibles con el nuevo mundo que estamos viviendo. Al cambiar nuestras costumbres realmente nos estamos actualizando, evolucionamos nuestros pensamientos y la forma de hacer las cosas.

Dejé de discutir con mi esposa, la relación con mis hijos empezó a sanar, incluso empecé a descansar mientras dormía. Todo mi entorno empezó a cambiar para bien, porque trabajé en mí, y eso empezó a cambiar mi mundo.

Obviamente no todo era miel sobre hojuelas, hubo veces en que me ganaba la desesperación, pero cada vez eran menos peleas. Me volví más consciente, pensaba las cosas antes de hacerlas, me sané de la cabeza para vivir en paz, y eso es empezar a dominar esta expansión de la zona de confort.

Todo proceso de cambio tiene una curva de aprendizaje, puede ser doloroso, puede que haya resistencia al cambio. Pero créeme, ese proceso también es necesario para crecer, sólo así podremos "actualizar nuestro software". Hoy te puedo decir que, hasta ahora, cada trato que cierro, cada proyecto que inicio y cada día de trabajo los llevo a cabo pensando en que cada esfuerzo vale mi tranquilidad, y lo hago tan consciente como para no volver a vivir ese miedo.

Piensa en algo que realmente te impulse a trabajar más y ser mejor. Algo que te motive tan fuerte que te inyecte ese *boost* de poder para llevar tu carrera a otro nivel. No dejes que los miedos o temores te mantengan toda la noche preocupado, mejor haz que el miedo sea el motor que te lleve esa actualización.

Si logramos pasar el bache, le damos restart *a nuestro cerebro y lo cambiamos de configuración, estamos logrando que esa expansión de la zona de confort tenga grandes beneficios con opciones que "en el peldaño anterior" no teníamos. Cosas increíbles nos pueden estar esperando, hay que encontrarlas.*

¿Cuesta? ¡Claro! ¿Vale la pena? ¡No tienes idea!

Hablando del esfuerzo y el trabajo que cuesta expandir la zona de confort, ¿conoces el término *procrastinar*? La procrastinación es la acción o hábito de retrasar actividades o situaciones que deben atenderse, sustituyéndolas por otras situaciones más irrelevantes o agradables por miedo o pereza a afrontarlas.

Desgraciadamente, muchos dejamos las cosas "para mañana", y lo pongo entre comillas porque ese "para mañana" puede tardar un buen rato. Lo vemos en casa cuando tenemos que arreglar la fuga del lavabo, la cual ya lleva dos meses porque "mañana la arreglo".

Lo vemos con los amigos cuando es cumpleaños de uno de ellos y le llamas tres semanas después porque "al rato le llamo".

Lo vemos en el trabajo cuando tenemos un proyecto que entregar dentro de dos meses, tiempo perfecto para poder adelantar poco a poco y que no nos agarren las prisas. Aun con todo este tiempo, dejas pasar los días para que una noche antes de la presentación estés a las cuatro de la mañana armando gráficas y racionales del "slide 71", rogando acabar a tiempo para la presentación. ¿Por qué? Pues porque "el lunes le adelanto". ¿O me vas a decir que no te ha sucedido?:

"Lo que pasa es que no me dieron completa la información para la presentación."

"Le iba a llamar, pero en ese momento entró una llamada urgente y se me pasó."

"Es que yo funciono mejor bajo presión, y como soy 'nocturno' me siento más cómodo trabajando una noche antes de la presentación, con tres litros de café y dos cajetillas de cigarros estoy listo."

Fugas, se crean fugas para postergar lo inevitable. Y esta actitud obviamente tiene consecuencias, como poca calidad en el trabajo, pérdida de confianza y credibilidad con la gente que nos rodea, poca objetividad, etcétera.

Y si esto lo sabemos, ¿por qué no trabajamos en ello? Qué flojera, ¿verdad? Desgraciadamente esa "flojera" es como un virus que se hace parte de nuestro día a día hasta convertirlo en un mal hábito.

Te propongo un ejercicio que te ayudará a expandir tu zona de confort para empezar a tener una nueva vida:

Toma una hoja, agarra una pluma y escribe tres cosas que te comprometas a hacer "hoy". Así, sin pensarlo, simplemente escríbelas y hazlas en el momento:

– Hacer cita con el dentista.

¡Atrévete y llámale hoy!

– Odio ver el fregadero con un mundo de platos sucios.

¡Cuando termines de comer, inmediatamente lava lo que usaste!

– Hace mucho que no sé nada de mi amigo.

¡Mándale un mensaje en este momento!

Si analizas estos tres ejemplos, no te toman más de cinco minutos. Inicia con cosas simples, algo que puedas hacer en poco tiempo. La magia es que cada uno de los compromisos que hagas requiere seguimiento: si haces la cita con el dentista, significa que también te estás comprometiendo a visitarlo. Es decir, irás al dentista, él hará lo que necesitas, y al terminar te sentirás mucho mejor de salud.

Lo mismo pasa con el cliente que tienes descuidado y hace mucho no le llamas. Al escribirle te estás haciendo presente, y al hacerte presente automáticamente estarás considerado para algún proyecto o próxima venta que podrás realizar y obtener un beneficio. ¿Ves? Cosas simples pueden cambiar tu vida de formas increíbles.

Ahora bien, lo que te propongo es que hagas durante cinco días este ejercicio de tres actividades. Por ejemplo, de lunes a viernes apuntarás y harás actividades fáciles de realizar, tres acciones para cada día.

Cuando terminen los cinco días y hayas realizado todas las tareas que te propusiste observa el resultado y descubre cómo te sientes. ¡Bien!, ¿no? Estás expandiendo tu zona de confort para llegar al siguiente nivel, estás dejando las viejas costumbres para adquirir nuevas y mejores.

Muy bien, logramos los cinco días. Ahora ¿por qué no hacer cinco días más? Es más, ¿por qué no subimos la apuesta? Haz el mismo compromiso por 10 días, después 15, luego 20, y de repente... ese simple reto que no te quita tiempo se convertirá mágicamente en un hábito. Sí, un hábito.

Te pongo un ejemplo de crear un hábito para el área de ventas: si llega un cliente, lo primero que hago es un cuestionario para saber qué necesita y así entender sus necesidades (hablo de un formulario tan profundo como para encontrar qué lo está motivando para realizar la compra. Puede ser seguridad, estudios, etc.). Al terminar el cuestionario, inmediatamente (cuando digo "inmediatamente" es ¡ahora mismo! Nada de "mañana" o "al rato") lo subo al sistema con todos los datos del prospecto y creo recordatorios para que tres días después (si dijimos tres, deben de ser tres, no cinco ni 10 ni 30) le llame para contarle cómo va su proceso y así, darle un seguimiento.

Si no lo subo al sistema "en ese momento", si no creo recordatorios "en ese momento", es probable que el día a día me rebase y olvide ese compromiso. Cada vez que hago lo que me toca en el momento que debe ser, también me doy la oportunidad de organizarme y dar un mejor servicio, todo por hacerlo "en ese momento", ¿me explico?

¿Qué es lo que pasa más adelante? Que se vuelve un hábito subir los datos de los clientes al sistema de forma inmediata. Llegará el momento en que el proceso se vuelva automático, ya no tendremos que preocuparnos por hacerlo. Lo que antes podría parecer una carga hoy ya es parte de nuestra "programación".

Es como manejar. Al subir a tu auto, automáticamente te acomodas en el asiento, te pones el cinturón, arrancas el auto y checas los espejos laterales y el retrovisor antes de empezar el viaje, todo sin pensarlo. Incluso si el auto es estándar, soltar el acelerador, presionar el clutch, meter velocidad con la mano y volver a acelerar ni se siente. No estás preocupado por hacerlo, sólo lo haces. Esta dinámica ya es un hábito, es algo intrínseco.

¿Conoces "la regla del 80-20" o ley de Pareto? Es un principio que establece que 20% del esfuerzo destinado a una tarea genera 80% de los resultados, en otras palabras, que 20% de las causas origina 80% de las consecuencias.

¿Qué significa esto? Simplemente que no tienes que malgastar mucha energía para tener resultados, las cosas que realmente importan son capaces de dar mayores satisfacciones con menores esfuerzos. Si nos concentramos en lo realmente importante y lo volvemos un hábito, necesitaremos aplicar sólo 20% del esfuerzo para obtener 80% del beneficio.

Si esto lo aplicamos a ventas, consiste en transformarnos en una máquina de ventas como Terminator (pero sin la violencia), pero no pasará de la noche a la mañana. Habrá momentos en los que tengamos más preguntas que respuestas. A veces no sabemos ni cómo cerrar un trato, resolver la situación o tener todas las respuestas, por eso hay que ir paso a paso hasta lograr un hábito, y ese hábito nos hará dar pequeños pasos, incluso si son pasos pequeños, estaremos más cerca de lograrlo.

Crea una agenda con alarma, haz las cosas al momento, llama a quien tengas que llamar, nunca dudes de que las pequeñas acciones crean el resultado final. Nadie te dará una fórmula secreta para el éxito, con el tiempo te darás cuenta de que la fórmula la creaste tú.

Muchas veces el peor error es lo mejor que te puede pasar.

> El secreto para tu éxito te será revelado en tu comprensión en retrospectiva, no lo podrás reconocer hasta que no lo hayas vivido. Y para vivirlo hay que jugársela, intentar cosas nuevas, probarse a uno mismo y, ¿por qué no?, equivocarse.

En conclusión, ampliar nuestra zona de confort tiene grandes beneficios, como retarnos para descubrir nuevas capacidades, nos hace avanzar, aprender y crecer. Además, crea nuevos hábitos que se vuelven parte de nuestra vida para que de manera natural trabajemos para lograr el éxito con dinámicas que podremos hacer sin ningún tipo de esfuerzo. La clave está en la constancia y en vencer el proceso de adaptación que a veces se puede complicar.

En mi caso, para poder adaptarme tuve que recorrer un camino, tuve que equivocarme para aprender, y esas enseñanzas son las que se quedan. A lo mejor por eso es que la ciencia cataloga al error como la inexactitud cometida por culpa de no poder controlar adecuadamente la influencia de todas las variables presentes. Y eso —afortunadamente— fue lo que me pasó.

Resumen

- *Expandir la zona de confort asusta, sin embargo, te da la oportunidad de conocer más de ti y saber hasta dónde puedes llegar.*
- *Podrás perder una que otra batalla en el camino, pero lo importante es no perder la guerra.*
- *Todo requiere de un esfuerzo, más en el área de ventas. Debemos saber escuchar y analizar muy bien a nuestros*

prospectos; la gente está constantemente mandando señales de lo que necesita y lo que espera.

- El poder de la iniciativa es como una pócima mágica que cura todo. Tener iniciativa debe ser como respirar.
- La vida es un constante trabajo-beneficio. A veces no sabemos dónde está la solución, pero podemos estar seguros de que no llegará sola, hay que buscarla.
- Para lograr marcar la diferencia en tu vida debes confiar siempre ya sea en tu instinto, tu vida, tu destino, tu karma, lo que elijas, pero confía.
- Cualquier lugar y persona puede convertirse en nuestro siguiente cliente; conoce personas todo el tiempo y está siempre abierto a las posibilidades.
- El estado de comodidad crea un rendimiento constante, para lograr mejorar ese rendimiento necesitamos un nivel óptimo de estrés y ansiedad que nacen de salir y conquistar un espacio no conocido.
- No existe error que no te enseñe algo nuevo.
- Si no creces, te mueres. Necesitamos adaptarnos constantemente; ir subiendo escalones uno a uno y creando cimientos en cada peldaño.
- Para poder adaptarse a una nueva situación se necesita un cambio de costumbres porque las que tienes hoy no son compatibles con el nuevo mundo que estás viviendo.

- *Todo proceso de cambio tiene una curva de aprendizaje, puede ser dolorosa, pero créeme que es necesario.*
- *No dejes que los miedos te detengan, mejor úsalos como motor para impulsarte y motivarte.*
- *Siempre confía en ti mismo.*

3

Mi mejor error (date permiso de fallar)

Antes de arrancarme con este capítulo, ¿hiciste el ejercicio del pasado? Porque si no, francamente mejor ni sigas, tu cambio empezó cuando empezaste este libro, aquí y ahora. Y si no estás dispuesto a expandir tu zona de confort, para qué pierdes tu tiempo...

Ok, ahora sí. 1995, el año que se convirtió en testigo de uno de los movimientos de música pop más importantes de Latinoamérica con el lanzamiento del grupo Mercurio. Cinco adolescentes que a través de su carisma, talento y canciones fueron todo un icono de la música para las nuevas generaciones. Tan es así, que el papa (san Juan Pablo II) catalogó a estos cinco adolescentes como "los líderes de la juventud", y entre esos cinco jóvenes estaba yo.

A esa corta edad sentía que tenía el mundo a mis pies. Y es que imagina tener 15 años y recibir discos de oro, platino, doble platino, llenar estadios con 40 000 personas coreando tus canciones y que no puedas entrar a tu hotel porque cientos de fans te están esperando para sólo verte.

Autógrafos, portadas de revistas, viajes, dinero... sí, así era nuestra vida en la adolescencia. Nos convertimos en cinco personas únicas viviendo lo que millones querían vivir.

Es curioso el mundo del espectáculo, de un día para otro todo lo que haces es perfecto. Es perfecta tu forma de vestir, es perfecta tu forma de hablar, es delicioso tu olor a sudor, tus ojeras son espectaculares y hasta cuando estás de mal humor, te ves encantador.

Definitivamente, el estrellato parece una vida "perfecta" en un mundo que no lo es tanto.

Ahora imagina toda esta pasarela de glamour en un "mocoso", como decimos en México. Es como si a un chango le dieras una navaja.

Cada día que pasaba sentía que la vida misma no me merecía. Poco a poco me fui creyendo los halagos que todos me daban. "¡Yo soy Dany de Mercurio!" Esa frase era suficiente para abrir cualquier oficina de directivo, restaurante exclusivo y todo lo que se me ocurriera pedir.

La fama aceleró de cero a 100 en segundos y me estaba llevando de corbata. Era un producto del *marketing* creyendo que era un estilo de vida, ¡primer mejor error!

De pronto, y sin darme cuenta, empecé a perder el piso. De hecho, creo que de todos los integrantes yo fui quien más lo perdió. Tenía dinero, viajes, el apoyo de mis papás, salía a la calle y la gente daba lo que fuera por darme besos en la cara, empecé a quitarle el valor a todo eso que tenía.

Me salí de casa, le falté el respeto a mis papás, caí en excesos... humillé todo lo que tenía frente a mí, llegué a pensar que Mercurio no eran cinco chavos, sino que era yo, y después el resto. Tanto llegué a creérmela que para los viajes pedía avión privado, ¿por qué? Pues porque yo era Dany y punto, ¡hazle como quieras!

Me convertí en el cáncer del grupo. Hubo momentos en que trataron de hablar conmigo, pero nunca hice caso, todos esos halagos que recibí me cegaron y nada de lo que me decían importaba, porque yo no necesitaba al grupo, ¡yo era el grupo!

Un día de esos, se acercó mi mánager y empezamos a platicar. Él trataba de ayudarme a entrar en razón para recuperar el piso que había perdido y seguir trabajando juntos, pero gracias a mis ínfulas de *rockstar* mis respuestas eran cortantes, hirientes. Obviamente el mánager se empezó a molestar y lo que era una "plática constructiva" se convirtió en una "discusión destructiva", una disputa que más adelante se volvió en pelea, y de ahí lo inevitable:

—Dany, entiende, por favor. Estas cosas no se solucionan así.

—Pues si no son así, tú haces que sean así, ¡para eso estás!

—¡A ver, yo no estoy aquí para complacer tus caprichitos!

—¡Pues hazle como quieras, *brother*! Yo lo quiero así y así va a ser.

—Pues no, fíjate, así no va a ser. Es más, ¿sabes qué? ¡Hasta aquí la dejamos!

—¿Cómo que "hasta aquí la dejamos"? ¡A mí no me estés amenazando!

—No, no te estoy amenazando, te estoy avisando. A partir de hoy, dejas de pertenecer a Mercurio.

—...

—Ahorita vemos qué hacer con tu contrato, firmas lo que tengas que firmar y te vas.

—¿... Me quieres sacar de Mercurio?

—No te quiero sacar de Mercurio, ¡te estoy sacando de Mercurio!

Mis piernas y manos empezaron a temblar en medio de ese silencio incómodo que hasta se puede respirar. Pasaron unos segundos, me levanté del asiento, y todavía en mis aires de grandeza le contesté irónicamente: "¡Pues haz lo que quieras!", mientras me salía sin despedirme.

¿Has visto a esas personas que de sólo verlas caminar sabes que están muy encabronadas? Bueno, así caminaba yo.

"¿Este tipo qué se cree? ¡Con quién piensa que está hablando! ¿Dice que me 'quiere sacar' de Mercurio? ¡ja! ¡Yo soy Mercurio!"

Mientras manejaba de regreso al hotel, pensaba en todas las opciones que tenía a la mano, creía que esto realmente era una oportunidad. "Por fin logré independizarme para hacer lo que quiera con mi carrera, ¡ahora sí me lanzo como solista!"

Tenía el plan perfecto: hago algunas llamadas con mis contactos, produzco un demo con canciones nuevas, las presento en la disquera, firmo contrato, ¡y listo! Mi carrera de solista me llevará más lejos de lo que he llegado. ¿Por qué? ¡Pues porque soy Dany!

Al cabo de unos meses terminé de hacer el demo y llamé al director de la disquera, pedí hablar con él y aceptó. Estacioné mi coche, me bajé, y entrando al corporativo caminé directo al elevador. Ya sabía dónde estaba la oficina del director, había estado cientos de veces ahí. No necesité que me guiaran.

De repente y a punto de llegar al ascensor, escucho la voz de la recepcionista:

–Buenas tardes, ¿a quién busca?

–A Carlos, el director artístico.

Seguí avanzando al elevador y me vuelve a detener:

–¿De parte?

–De Dany, Dany Merlo (¿En serio no sabe quién soy? ¿Esta chica vive en Saturno o qué? ¡Porque en Mercurio seguro no!)

Y en ese momento, sentí el primer peso brutal de la verdad:

–Por favor, espere en la sala mientras lo anuncio.

"Espere en la sala mientras lo anuncio." A ver, detengámonos un momento y pongamos *rewind*. Soy Dany, ésta es mi disquera, he estado aquí por años y conozco a todos los directivos del lugar. ¿Cómo que tengo que esperar a ser anunciado? A mí no me anuncian. ¡A mí me promocionan!

No quise hacer ningún escándalo, entonces me senté en la sala y esperé a ser "anunciado". Minutos después me llama la recepcionista y por fin me da acceso. Subo en el elevador y llego a la oficina del director:

—Hola, Dany, ¿cómo estás?

—Muy bien, Carlos, muchas gracias. Oye, quiero platicar contigo para mostrarte un proyecto que tengo, grabé un demo y quiero que lo escuches para volverlo un "hitazo".

Mientras le contaba mi proyecto, ya me visualizaba firmando el contrato de exclusividad, fechas para entrar a estudio, diseño del disco, armar la gira, etc. ¡Ya todo estaba armado!

Insisto, el plan perfecto. Obviamente Carlos no se iba a perder la oportunidad de trabajar con este *rockstar*.

—Muy bien, Dany, gracias. Pero ahorita no estamos buscando nuevos proyectos.

—¿Cómo?

—Sí, ya tenemos cubiertos los proyectos que tenemos en mente.

—O sea, ¿no?

—Exacto, muchas gracias, pero... pero no.

—...

—...

—Este, ¿otra cosa que pueda hacer por ti?

–…

–¿Dany?

–¿… eh?

–Que si hay otra cosa que pueda hacer por ti.

–¡Ah!… este, no, nada. Pues, muchas gracias.

Se levantó de su asiento y me dio la mano despidiéndose, sí, me estaba sacando de su oficina. No me quedó de otra más que levantarme, regresarle la despedida y salir del lugar. Así, sin más ni más, lo que para mí era "algo seguro", terminó siendo un "y ahora qué chingados".

Salí de la disquera y empecé a agarrar mucho coraje. No, coraje no, ¡odio! Odio a la mentira, a que me haya dado la espalda, odio al ambiente, a la fama. ¿Qué pasó con los amigos incondicionales?, ¿con el apoyo eterno? Todo se fue al carajo. Incluso me puse a pensar si realmente la carrera de solista era lo que yo quería. Este golpe de realidad me hizo detenerme y empezar a ser consciente de dónde estaba parado.

Me di cuenta de que yo no era ese Dany que creía ser, descubrí que era un producto del *marketing* y que cada uno de los integrantes formábamos un todo. Vi la importancia de la unidad, del equipo y de lo esenciales que somos todos para hacer que este sueño de Mercurio se haya vuelto realidad.

Cada uno de estos golpes me hizo entrar en un tipo de "decadencia emocional". Tal fue mi coraje que me separé totalmente de todo este ambiente. Paré en seco y decidí no tener nada que ver con el medio artístico. Y ahora, ¿qué voy a hacer?

Tiempo después, y aprovechando de la poca fama que me quedaba, sumado a que ya no tenía entrada económica, me invitaban a realizar algunos "trabajitos": conducir un par de programas para televisión, hacer presencia en antros o fiestas particulares donde llegaba, brindaba, me quedaba un par de horas tomándome fotos con los asistentes y listo.

Trabajitos aislados donde me pagaban por evento, y saliendo de ahí seguía siendo el Dany tan común como cualquier otro.

En uno de esos eventos aislados, me invitaron a dar una conferencia para una universidad y, obvio, acepté encantado. Logramos reunir a 2 000 jóvenes, y lo que me dijeron fue: "Habla de lo que quieras". Honestamente no tenía claro de qué se iba a tratar mi ponencia, pero en fin, ¡lana es lana!

"Bueno, con ustedes: Dany, ¡el ex Mercurio!"

El lugar se llenó de aplausos mientras subía al escenario, y ya frente al micrófono, decidí ser honesto, me quise atrever a ser yo mismo. Dejé a un lado la máscara de *rockstar*, dejé de pretender para mostrarme como soy.

Compartí mi experiencia en el grupo, lo que había vivido, y aun sin tener algo preparado, hablé, hablé como hacía mucho que no lo hacía. Estaba en una especie de "trance", era un éxtasis donde las palabras salían solas. Una hora, una hora estuve hablando sin parar y, lo más importante, sin pensar. Sólo dejé que fluyera y que la verdad hablara por mí.

Cuando terminé los 2000 jóvenes, al unísono, se pusieron de pie para aplaudir y gritar como nunca. El lugar se caía a pedazos de emoción, de alegría, de orgullo, de todos los sentimientos habidos y por haber. Mientras eso pasaba, yo saludaba y agradecía mientras mi mente se preguntaba:

"¿Qué pasó?"

"¿Qué dije?"

"¿Alguien lo grabó?"

Esa tarde me dio una claridad tan grande que me cambió, o mejor dicho, me regresó a ser yo. Y hoy sé que este Dany vale más que un millón de "Danys de Mercurio" juntos. Y todo gracias al error.

Porque si no me hubiera equivocado en creerme el "Mercurio de Mercurios", exigir avión privado, faltarles al respeto a mis padres, a mis fans y caer en excesos, tampoco hubiera descubierto el propósito que hoy tengo:

Ayudar a que las personas hagan realidad sus sueños.

Después de reconocer y ofrecer disculpas, hoy tengo una relación increíble con cada uno de ellos, incluso con Toño Berumen, quien fue el mánager del grupo. Hoy en día hablamos constantemente, y cuando sale el tema, lo tomo como una etapa de mucho aprendizaje y agradecido porque esa época me hizo crecer.

Los mejores errores nos pueden llevar a lugares que nunca imaginamos, y cuando llegamos, nos redescubrimos.

El error nos da la oportunidad de conocer más de nosotros y reconfigurarnos para ser mejores personas, es un "tú" versión "2.0". Por eso el error es una oportunidad.

Para que un error se convierta en "el mejor error" depende del enfoque. Regularmente cuando nos equivocamos terminamos frustrados, molestos. Incluso hasta escondemos nuestras equivocaciones. Yo nunca he estado en una reunión donde alguien diga: "Oigan, cambiando de tema: llevo dos meses engañando a mi esposa y me descubrió. Qué cosas, ¿no? ¡Salud!"

El error siempre da vergüenza, es por eso que reprimimos nuestras equivocaciones cuando realmente nos estamos perdiendo la oportunidad de aprender de ellas. Hay una frase conocida que dice que "uno aprende a golpes". Yo creo que le podría agregar "si y sólo si" quieres que el error te enseñe, y para que eso pase debemos observar el aprendizaje, no el error en sí.

Además, "el mejor error" aplica para el trabajo, la familia, la pareja, los hijos... aplica para la vida. Tenemos la suerte de poder aprender de nuestros errores en todos los ámbitos y así crecer. Por eso es el "mejor" error. Porque de los errores podemos sacar lo mejor. Y no lo digo sólo yo, hay muchísimas personas que piensan lo mismo. De hecho, hasta las tengo en un podcast. En una de las grabaciones que he hecho invité a varios amigos para compartir cuál era su mejor error. Escúchalo, y después de eso, pongamos a prueba nuestra capacidad de análisis con el ejercicio que te voy a platicar:

Spotify: YouTube:

Ahora sí, después de haber escuchado el podcast "Mi mejor error", es hora de poner a prueba nuestra capacidad de autoanálisis para que nos demos cuenta de que todos tenemos errores, aprendemos, y gracias a ellos, podemos hacer nuestro mejor error.

Lo mismo: hoja y pluma en mano para escribir como título: "Mis mejores 5 errores."

Escribe los errores más importantes que hayas tenido, esos que no quieres contarle a nadie. Y después, debajo de ellos, escribe la enseñanza que te dejó esa experiencia.

Hasta ahí todo parece fácil, ¿verdad? Bueno, vamos a complicarlo un poco: ya que hayas escrito los cinco mejores errores y su enseñanza, escribe cuál de esas enseñanzas aplicas en tu vida diaria. Qué enseñanzas de esos errores adheriste a tu vida para no volverlos a cometer. Bien lo decía el gran físico famoso Albert Einstein: "La locura es hacer la misma cosa una y otra vez esperando obtener resultados diferentes. Si buscas resultados distintos, no hagas siempre lo mismo".

La idea es que entendamos que lo negativo puede ser algo positivo sin importar a qué nos dediquemos. Al convertirlo, confiaremos más en nosotros para demostrar que somos mejores.

¡Atrévete, hazlo!

Resumen

- *Equivocarte te ayuda a descubrir tu verdadero propósito.*
- *Muchas veces el peor error es lo mejor que te pudo haber pasado, porque el secreto de tu éxito lo reconocerás comprendiendo lo que ya viviste.*
- *El error te da la oportunidad de conocer más de ti, reconfigurarte para ser mejor persona, te puede llevar a lugares que nunca imaginaste.*
- *Para que el error enseñe hay que basarnos en el enfoque que le damos. Observar el aprendizaje y no el error en sí.*
- *Toda acción "negativa" tiene su lado positivo, enfócate en él.*
- *Si buscas resultados diferentes, haz cosas diferentes.*
- *Escucha el podcast "Mi mejor error".*

4

Reconoce tus talentos y trabaja tus fortalezas

———

Definitivamente el error enseña, y nos enseña más cuando nos equivocamos en las cosas que nos apasionan. Así, hasta los errores saben bien, porque al caernos la pasión nos levanta y nos hace intentarlo una vez más hasta perfeccionar lo que amamos hacer.

"Soy muy bueno tocando la batería y me encanta hacerlo." Como te gusta tocarla, querrás tocar más veces, y como te das cuenta de que eres bueno, buscarás perfeccionar tu técnica hasta lograr hacer ese redoble de tarola con tom de piso que te encanta.

¿Te equivocarás a la primera? ¡Obvio! De hecho muchísimas veces te saldrá mal, pero te encanta intentarlo una y otra vez porque sabes que vas a lograr ese redoble. Eso es lo que hace la pasión, con ella no te rindes por más que caigas en el error.

En mi caso, tuve la fortuna de encontrar lo que me apasionaba desde muy chico. Cuando tenía tres años, me ponía frente a la televisión y le decía a mi mamá: "¡Yo quiero estar ahí!"

Supe que ser artista era lo que me movía el cuerpo, me fascinaba ver las luces, los artistas, las cámaras; sólo imaginar que millones de personas están frente a la pantalla esperando a que cantes, bailes o actúes me volaba la cabeza.

—Papá, papá, ¡un amigo me dijo que están haciendo *casting* para salir en un comercial! ¡Por favor, llévame!

—Dany, ¡van seis veces que te llevamos a *castings* en dos semanas!

—¡Ándale, por favooorrr!

—A ver, ¿qué te dijeron de ese *casting*?

—Pues están buscando a un niño alto...

—Mides menos de medio metro

—... ojos azules...

—Tus ojos son cafés.

—¡... y moreno!

—¡Eres blanco como la leche, Dany! ¡No te van a escoger!

—¡No importa! A ver, ¿y si sí? ¡¡Ándale, llévame!!

Cuando por fin logré ser un poco independiente como para saber tomar un camión sin compañía, pude dejar en paz a mis papás para ir solo a todos los *castings* que podía.

Algunas veces ganaba siendo el principal de un comercial, otras de secundario, y muchas ocasiones no fui seleccionado. Pero todos los días —absolutamente todos los días— pensaba cómo actuar mejor, ensayaba solo en mi habitación, imaginaba ser un gran actor y estar en una película. En cada hora de mi vida, mi pasión me llevaba a ese lugar, tan seguro estaba de lo que quería e iba a lograr, que a todo mundo le decía: "Yo voy a ser actor".

Los primos, los abuelos, la maestra, los amigos, el árbol, la sopa, mis tenis... a todo mundo le decía que de grande iba a ser actor. Tanto fue mi enfoque para lograrlo, que la energía empezó a fluir haciéndome llegar al momento y lugar adecuados.

Sábado 19 de febrero, 1994, 2:35 p.m. Me encontraba en el asiento trasero del auto de mis papás rumbo a una comida, una comida que se haría en la casa de un señor muy exitoso, al que le decían el "Señor Telenovela", se llamaba Ernesto Alonso, a lo mejor uno que otro lo ubica.

¡Ah, caray! A ver, espérate, Dany, ¿cómo llegaste a la casa de Ernesto Alonso? Si tú no tienes contactos en el medio. La verdad es que la forma en que se dio es un tanto enredada: sucede que me invitó mi tía, quien tiene una nuera —que es la novia de mi primo—, a quien por cierto no conocía, y era nieta de Ernesto Alonso. ¿Extraño? Puede ser, pero definitivamente nunca sabemos de dónde pueden presentarse las oportunidades, así que debemos estar abiertos a dejar que fluya la energía. A lo mejor mi deseo fue tan grande que me hizo llegar al lugar y a la hora perfecta para que todo sucediera.

5:36 p.m. Mientras los grandes se quedaban en la sobremesa, yo estaba en el patio trasero jugando con algunos otros niños, pero estaba mucho más atento a la mesa de los adultos, porque ahí estaban las grandes estrellas de telenovelas, cuando de repente me tocan la espalda, volteo, miro hacia arriba y era don Ernesto Alonso, el "Señor Telenovela".

—Hola, Dany. Oye, me comentan que quieres ser actor.

Y a mí, con mis 43 centímetros de estatura, frente al icono más grande de la televisión, no me quedó de otra más que atreverme a contestar:

—No, no, no... no quiero ser actor, ¡voy a ser actor!

Me miró, me sonrió y se fue. Y yo ahí, paradito viendo cómo se alejaba. A lo mejor pudo haber tomado a mal mi respuesta, pero yo me salí muy emocionado de esa comida, había logrado hablar de mi pasión con alguien que podía darme una oportunidad de oro. No eran comerciales, ¡sino actuar en una telenovela! Al siguiente día, hablaron por teléfono a la casa: "Dany, tienes prueba. El señor Alonso te quiere ver en el foro para interpretar el papel de un niño en una telenovela".

¿A qué te sabe eso, Al Pacino? ¡Voy por ti!

Definitivamente ese momento fue un parteaguas en mi vida, había cumplido mi sueño, ya estaba en las "grandes ligas" codeándome con artistas que veía en la tele. Gracias a esa oportunidad, pude entrar a la escuela de actuación donde se preparaban las próximas estrellas de la tele, en ese lugar conocí a varios chavos que también estudiaban y logramos hacer una muy buena conexión, llegamos a ser buenos amigos.

Una de ellas me invitó a su fiesta de quince años y yo invité a mi primo Luigi, quien me preguntó si podía invitar a un amigo; ya sabes, cuando dicen fiesta, vamos todos. Y él llevó a Alex Sirvent, un galán que llevaba puesto un saco rojo, un poco *flashy* pero súper buena onda. Ya en el evento veía cómo las amigas de la quinceañera lo miraban de lejos y comentaban emocionadas: "Es que, es que... ay, ¡no lo puedo creer! Es que ese chavo es el de La Onda Vaselina".

¿Qué? ¿Quién? ¡¿Él?! O sea, ¿él es de La Onda Vaselina? No tenía idea de que él era artista, pero una vez más la energía hizo que una cosa diera paso a la otra, hasta llegar ahí y conocer a una estrella juvenil en medio de una fiesta de quince años.

Estuvimos conversando mucho tiempo, me contaba cómo era su vida en la farándula mientras yo le platicaba (vendía) mi experiencia y lo que quería llegar a ser. En eso, sin más ni más, me preguntó: "Oye, Dany, ¿no te gustaría ser parte de una *boyband*?"

Así, sin avisar, me la soltó. Obviamente mi "sí" fue inmediato, era una nueva oportunidad que se me estaba presentando con alguien que sabía cómo hacerlo, ¡una vez más!

Después de platicar, hacer reuniones, ensayos y demás detalles, esos quince años se convirtieron en mi boleto de entrada a Mercurio.

Hice realidad lo que me imaginaba gracias a mi pasión; lo mejor de todo es que ese entusiasmo también me hizo descubrir cuáles eran mis talentos y fortalezas. Porque una cosa es que quisiera ser actor y otra muy diferente que tuviera las habilidades para serlo.

¿Alguna vez te has preguntado por qué una persona es mejor en algunas cosas más que en otras? ¿Por qué una persona hace una tarea de una forma y otra persona enfoca la misma tarea de una manera distinta? ¿Por qué una persona responde ante la misma situación de modo diferente que otra? Lo que para ti es fácil, para otro puede ser terriblemente difícil. Lo que para ti es tedioso o poco estimulante, puede apasionar a alguien más. Alguien puede disfrutar hablar en público; para otros puede resultar intimidante.

La investigación sobre la conducta humana sugiere que las personas poseemos ciertos rasgos individuales innatos que conforman patrones de pensamientos, sentimientos y conductas que, a su vez, definen quiénes somos, nuestra personalidad y nuestros procesos mentales. Gracias a la genética y a las experiencias tempranas, cada individuo tiene características que lo hacen único. Y eso es bueno, pues significa que todo el mundo aporta habilidades y cualidades distintas.

Todos los seres humanos somos diferentes y tenemos una combinación única de talentos. Nuestros talentos nos ayudan a entender quiénes somos, a comprender nuestra manera natural de pensar, sentir y actuar. Nuestros talentos filtran la información que recibimos del mundo. Por lo tanto, influyen en nuestras decisiones, dirigen nuestras acciones y son la fuente de nuestra mejor oportunidad para alcanzar el éxito.

En esa búsqueda del conocimiento personal, Ahiri y yo tuvimos oportunidad de ir a un curso que imparten grandes amigos nuestros, Javier Barrera y Natalia Barrera, su hija, quienes crearon JANA, una consultora especializada en el estudio del potencial humano. Este taller está basado en la metodología de Gallup y la herramienta que utiliza es el Clifton Strengths, de base científica, que identifica los talentos innatos dominantes de cada persona. Nos voló la cabeza la información tan básica pero tan poderosa que aprendimos. También nos ayudó a entendernos, a conocernos y a redescubrirnos.

> **Todos, absolutamente todos, contamos con talentos que, al combinarlos, nos vuelven imparables. Y créeme, esa sensación se siente muy bien, la magia está en empezar a buscarlos y encontrarlos.**

El Clifton Strengths te ayuda a identificar tus talentos para convertirlos en fortalezas y así potenciar tu desarrollo. Define los 34 temas de talentos que rigen a la humanidad que, al desarrollarlos, se pueden convertir en fortalezas. El reporte te muestra cuáles son tus 10 talentos dominantes y cómo estos "súper poderes" influyen en tu vida, te hacen único, valioso y diferente a los demás.

Mira, te platico cuáles son, y en cada uno de ellos, pregúntate si tienes esa habilidad. A lo mejor encuentras algo de ti que no sabías:

Hay quienes son los "Positivos", esos que tienen un entusiasmo contagioso, son optimistas y animan a los demás.

Están los que se les llama "Conexión", ellos confían en los vínculos que conectan todas las cosas, piensan que las coincidencias son pocas y que casi todo tiene un significado.

Los "Futuristas" están inspirados por el mañana, ellos impulsan a los demás con su visión de futuro.

Tenemos a los "Maximizadores", ellos se concentran en las fortalezas para estimular la excelencia personal y grupal para hacer de lo bueno algo excelente.

Los de "Creencia" cuentan con valores fuertes, estos valores definen su propósito en la vida.

La habilidad llamada "Comunicación" la tienen aquellos que expresan fácilmente sus ideas, son buenos para platicar y como presentadores son excelentes.

Los que cuentan con "Adaptabilidad" son los que prefieren dejarse llevar por lo que viene, son personas del "ahora" y descubren el futuro cada día.

Los "Aprendedores" tienen un gran deseo de aprender y mejorar, les prende más el proceso que el resultado.

Los que tienen "Empatía" perciben los sentimientos de los demás y se imaginan a sí mismos en la situación del otro.

Hay quienes tienen la habilidad de la "Armonía", ellos siempre prefieren los acuerdos antes que el conflicto.

Los que cuentan con "Intelección" son muy talentosos en el tema intelectual, también son introspectivos y les apasionan los debates intelectuales.

A los "Coleccionadores" les encanta archivar, pueden acumular información, ideas o incluso relaciones.

La habilidad de "Significación" la tienen a los que les gusta causar un gran impacto. Son independientes y disfrutan los proyectos donde ellos participan más activamente.

Quienes tienen la habilidad de "Activador", lo que piensan, lo hacen.

Otra habilidad es "Idear", o sea, los que aman las ideas. Pueden encontrar conexiones entre cosas que a primera vista no tienen nada que ver.

Para los "Sociables", conocer nuevas personas y ganárselas es todo un reto, tener nuevas relaciones les encanta.

Quienes tienen la habilidad de la "Responsabilidad" toman el control de lo que dicen que harán, tienen valores muy fuertes como la honestidad y la lealtad.

A los que tienen "Autoconfianza" les gusta tomar riesgos y conducir su vida, tienen algo así como una brújula interior que los ayuda a tomar decisiones.

Existen los que tienen "Disciplina", a ellos les gustan las rutinas y el orden es lo que los rige.

Los "Estratégicos" buscan otra forma de hacer las cosas, son muy listos identificando patrones y grandes problemas.

Los "Coordinadores" organizan y son flexibles. Les gusta imaginar cómo usar lo que tienen a la mano para hacer las cosas mucho mejor.

También existen los "Competitivos", que miden su avance y lo comparan con el de los demás. Siempre buscan el primer lugar.

Los que tienen "Inclusión" son buenos para aceptar a los demás, se muestran conscientes de aquellos que se sienten marginados y se esfuerzan por incluirlos.

A los "Desarrolladores" le gusta impulsar el talento de la gente, les gusta ver cómo su gente crece.

A los que tienen la "Individualización" les gusta encontrar las cualidades únicas de cada persona, saben cómo hacer para que las personas diferentes puedan trabajar bien en equipo.

Existen los "Consistentes", quienes tienen los pies en la tierra y tratan a las personas por igual. Les gustan las rutinas, las reglas y pasos claros que seguir.

Los que tienen "Enfoque" pueden tomar una dirección, seguirla y ajustarse para mantenerse en el camino, establecen prioridades y luego actúan.

Hay quienes su talento es la "Afinidad", ellos disfrutan de tener buenas relaciones, les gusta mucho trabajar con amigos y juntos llegar a la meta.

Los "Restauradores" son expertos en lidiar con problemas y solucionarlos.

Otro talento es ser "Logrador", su característica es que trabajan muy fuerte y tienen mucho aguante, les gusta mucho estar ocupados y sentirse productivos.

Los que tienen la habilidad de "Mando" hablan claro y directo, toman el control y decisiones.

Los "Analíticos" buscan razones y causas, tienen la visión para considerar todos los factores que podrían afectar una situación.

Los que dominan el "Contexto" disfrutan pensando en el pasado, porque gracias a eso le dan razón a su presente.

El último talento se llama "Deliberativo", son los que tienen un gran cuidado en sus decisiones, son buenos para prever problemas.

¿Qué tal? ¿Cómo te fue? ¿Te atreviste a encontrar los tuyos? ¿Te sentiste identificado con alguno de ellos? Acepta tus talentos para empezar a convertirte en una persona exitosa sin importar a lo que te dediques. Por ejemplo, hoy sé y acepto que una de mis fortalezas es ser positivo y eso me hace tener confianza en mí. Si dejara que la negatividad y el miedo me gobernaran, no podría hablar con el señor Ernesto Alonso y tampoco llamarle a ese cliente nuevo para venderle una casa. Hay que conocer, manejar, explotar y combinar los talentos para llegar a donde uno quiere, pero ponte listo, porque hay blanco y también negro. Cada talento tiene su luz y su sombra. O descubres tus fortalezas y te catapultan a lugares increíbles, o te llevan a los lugares más oscuros. ¿Por qué? Porque una cosa es encontrarlas y otra saber utilizarlas. Por ejemplo: una de tus fortalezas es ser futurista, tienes una gran visión para visualizar el mañana. ¡Muy bien! Es un gran talento. El problema es que si no sabes utilizarla en la luz, y la llevas a la sombra, podrás pasártela viviendo en el futuro y olvidar el presente.

- "Cuando sea director..."
- "Cuando me gane la beca..."
- "Cuando venda esta casa..."
- "Cuando me case..."

¿Qué estás haciendo hoy para lograrlo? Estás olvidando que para lograr ese futuro debes estar consciente del presente y trabajarlo. De lo contrario te pasarás la vida imaginando cosas que nunca serán reales, y eso te creará mucha frustración. Por eso es tan importante primero conocerlas y después desarrollarlas de forma consciente. Entre más estamos en el hoy, más podemos ver el futuro. En conclusión, no sólo se trata de conocer tus talentos y fortalezas, sino también saber utilizarlas productivamente y mantenerlas en la luz.

Pero entonces, si fuera así de sencillo, ¿por qué no todo el mundo lo hace? ¿Por qué no todo el mundo logra saber para qué es bueno? ¿Por qué cuesta trabajo ser auténticos? Existen varias creencias y mitos alrededor de todo esto.

Primero, no todo el mundo sabe para qué es bueno. Por eso es importante el autoconocimiento. No hay mejor inversión que en ti mismo.

Segundo, hay muchas creencias que tenemos sobre ciertas cosas. Creemos que tenemos que hacer lo que nuestra familia, papás, pareja o sociedad quieren que hagamos.

Tercero, creemos que debemos ser redondos, buenos para todo. Pero eso es completamente falso. Lo que realmente necesitamos es poner el foco en nuestros talentos y fortalezas, y no estar constantemente intentando "arreglar" nuestras debilidades. Debemos amar lo que somos y aceptar aquello que no somos.

Cuarto, hay etiquetas que creemos sobre nosotros mismos. Crecemos en ambientes que modulan lo que creemos que es correcto.

Así que es nuestra responsabilidad ser conscientes de estas creencias para que no nos impidan ser auténticos y honestos con nosotros mismos. Debemos amar lo que somos y estar cómodos con lo que no somos. Entender que todos somos diferentes. Invertir en nuestro autoconocimiento para encontrar nuestros talentos y fortalezas, para luego desarrollarlos intencionalmente y ser más productivos, felices y plenos. Te lo mereces. Además, la vida nos exige explotar nuestras fortalezas para crecer, hoy cada uno de mis retos me obliga a tener confianza en mí utilizando todas las herramientas que tengo, uso mis talentos, mis fortalezas y todo lo que esté a mi alcance. Es más, toda esa autoexigencia me ayudó a encontrarle lo positivo a lo malo. En serio, hay cosas que parecen ser una barrera, pero si nos concentramos y buscamos "darle la vuelta" para que eso malo juegue del mismo lado de nuestra cancha, se convertirá en un arma muy poderosa. Mira, te pongo un ejemplo muy claro de las cosas "malas" que realmente son muy buenas: el miedo.

Claro, nuestros miedos también son una fuente de inspiración. Si los conocemos y los sabemos usar a nuestro favor, se convierten en un arma infalible. Ya lo decía el escritor Alemán Ludwig Börne: "El hombre más peligroso es aquel que tiene miedo".

Pero, ¿cómo vencerlo? ¿Cómo dominar algo que me aterra? El primer paso es no darle la espalda al miedo, al contrario, hay que entenderlo, saber de dónde viene y "resetearlo" para sacarle el mayor provecho.

Cuando empecé en las ventas me resultaba un tanto complicado acercarme a los que podrían ser mis clientes, me daba un poco de miedo el rechazo, el no saber cómo abordar a las personas. Sabía que tenía facilidad de palabra, pero en las ventas eso no es todo, deben respaldarte algunas habilidades, y una de ellas es ser valiente. Sí, ¡valiente! Tienes que acercarte y ofrecer lo que vendes con toda la confianza, porque esa confianza se transmite, y si el cliente se da cuenta de ello, tienes más posibilidades de cerrar un trato.

Gracias a esa valentía, les he vendido casas a personas que conozco en la escuela de mis hijos o en la fila del súper, ¡en serio! Cada persona que te encuentras en la calle, la iglesia, el metro o el parque es un cliente potencial, la clave está en encontrar nuestra propia forma de conectar. Recuerda, las ventas no son entregar una pizza en moto, se trata de encontrar una forma sincera de conectar con las personas. Si quieres que los clientes gasten su dinero contigo, debes hacerlos sentir cómodos con tu habilidad de darles lo que necesitan.

La gente no necesita un vendedor, necesita un cómplice.

Por eso debemos conocer personas todo el tiempo, pero nunca con la intención de sacarles provecho. En vez de eso hay que conocer gente genuinamente y que el tiempo decida. Pero insisto, para llegar a eso necesitas atreverte a convertir el miedo en una ventaja.

Cuando decidimos vencer nuestros miedos y hacerles frente, nos convertimos en personas exitosas en nuestro ramo, y eso es increíble. Recuerda que nadie te dará un instructivo de cómo lograrlo. Créeme, ya eres exitoso, sólo que aún no lo sabes. Todas las herramientas que necesitas para ser exitoso ya son tuyas, sólo es cuestión de que las juntes y las pongas a trabajar para convertir el miedo en un "sí".

Hoy para mí la palabra *sí* es la más importante en ventas. Di "sí" a todas las oportunidades para tener muchos huevos en la canasta. Incluso tienes que persuadir a los clientes para que digan "sí" a la compra; tienes que decir "sí" a tomar riesgos, y lo más importante, si alguien te dice: "Sólo le compro al mejor vendedor de pepitas del mundo", tu respuesta debe ser: "¿Cuántas quieres y a dónde te las mando?" Nunca dudes en decir ¡sí!

Cuando te pregunten por algo que no tengas ni la más remota idea de cómo hacerlo, la respuesta igual debe de ser "sí", ya después averiguarás cómo resolverlo. El "sí" automáticamente te pone delante de todos aquellos que dijeron "no", porque el "no" es un pequeño monstruo que se come todas las posibilidades.

Puede ser que al principio sea difícil, y es normal, pues desgraciadamente les damos más importancia a las cosas negativas que a las positivas:

"Cocinas como nadie, pero tomas mucho."

"Qué bueno eres para socializar, pero qué impuntual eres."

"No había visto a alguien que dibujara tan bien como tú, lástima que estés pasado de peso."

¿Me estás hablando en serio? ¿Por qué el miedo debe ponerles un "pero" a nuestros talentos y fortalezas? En vez de eso, deberíamos abrazar lo bueno que tenemos y empoderarlo, ¿por qué no empezamos hoy?

Te reto a hacer este ejercicio:

– Toma tu celular y escoge a cinco personas, pueden ser familiares, amigos, socios... cualquier persona que sea parte de tu círculo.

– Manda un mensaje de texto a cada uno para hacerle tres preguntas:

1) Descríbeme en una sola palabra.

2) ¿En qué sobresalgo?

3) Si me pudieras robar un talento, ¿cuál sería?

Antes de escuchar las respuestas, ¡prepárate! Debes estar abierto a cualquier cosa que te digan porque es probable que te mencionen fortalezas que a lo mejor nunca pensaste que fueran tan dominantes en ti. Respira profundo, acércate unos kleenex por si te agarra el sentimiento, y prepárate para una lluvia de halagos.

Al terminar de escuchar las tres respuestas viene la parte más emocionante: ahora ¡es tu turno! Sí, esas mismas preguntas se las responderás a quien le escribiste. Te toca describirlo(a) en una sola palabra, decirle en qué sobresale y qué talento le robarías. Sí, me imagino perfectamente la cara que estás poniendo, a lo mejor estás pensando "qué pena", "me va a preguntar si estoy borracho", "¿ya te tomaste tus pastillas?" Es muy probable que pienses que te tomarán como un loco, y ése es el problema. No estamos acostumbrados a decir ni que nos digan cuáles son nuestros talentos, y cada vez que alguien nos los menciona de alguna forma se crea una barrera que no nos permite aceptar con humildad nuestras virtudes. Por eso es tan importante este ejercicio, analiza cómo te sientes al recibir lo bueno que tienes y dar lo mismo, porque al hacerlo estás creando un canal de apertura total, con mucha energía positiva y haciendo lazos más fuertes, todo en sólo 10 minutos, ¡hazlo!

En serio, imagina todas las ventajas que hay al abrirte con tu círculo, creas nuevos vínculos, te conoces mejor, ayudas a que la persona se conozca mejor, y al final del día, a punto de dormir, recordarás las palabras que te dijeron, que dijiste, y cerrarás los ojos con una sonrisa.

¿A poco no es increíble abrirse y hacer cosas nuevas? O mejor dicho, ¿a poco no es increíble hacer cosas que nacen desde dentro? Y sabes que nacen desde dentro porque te vibra el pecho, se te enchina la piel, como cuando esperaste tener la mayoría de edad para aventarte del paracaídas, o cuando le dices "te amo" a tu hijo, el primer concierto, la primera venta. Hablo de esas cosas que despiertan tu pasión.

En el diccionario, la pasión se describe como un vivo interés o admiración por una propuesta, causa, actividad y otros. Para mí, la pasión es como un motor. Cuando encuentras el *switch* y lo giras, te prendes todo por dentro, tu cerebro va de cero a 100 kilómetros en milésimas de segundo, tu corazón late más fuerte, respiras más profundo, te pones alerta, incluso puedes escuchar cómo tu motor se enciende, y si le eres fiel dejándote ser quién eres, no tienes límites.

Así como hay varios talentos y fortalezas también hay muchos tipos de pasiones, para algunos su pasión es la música, la familia, los perros, el trabajo, todos y cada uno de nosotros tenemos esa llave que prende nuestro motor. Por eso es tan importante tener tan presentes nuestras pasiones, porque eso es lo que nos hace tener el poder absoluto de nuestro camino. El problema con la pasión es que es una sensación tan adictiva que, si no logras domarla, el caballo se puede desbocar.

Cuando estamos apasionados nos dedicamos, disfrutamos cada momento del proceso y lo tratamos de perfeccionar, el problema se presenta cuando gracias a esa búsqueda por la perfección vienen los logros y el reconocimiento, porque si no tomamos esos halagos desde la humildad, nuestra pasión empieza a buscar respuestas de nuestro alrededor, ya no se disfruta el proceso, sino el resultado. Ahí es cuando la pasión se convierte en obsesión, y lo que antes disfrutábamos ahora nos preocupa. Empezamos a depender de otros creando tensión. Incluso hay estudios que muestran que ese exceso de preocupación por la aprobación de los demás llena el cuerpo de adicción convirtiendo lo que amabas en esfuerzo y después en la caída, todo por la obsesión.

¿Ejemplos? ¡Uf! Hay muchísimos: deportistas consagrados que hacen trampa, empresarios *top* que se van a la quiebra, ¡y de políticos mejor ni hablamos! ¿Ya viste cómo se mueven las redes sociales? ¿Lo necesario que se ha vuelto ser aceptado por alguien que ni siquiera conoces? ¡Quién está más nalgón! ¡A quién se le ocurre hacer más idioteces peligrosas para tener más *likes*! ¡Quién tiene un millón de seguidores para volverse famoso! Hoy la "manita con dedito hacia arriba" se ha vuelto lo más importante.

Algo que empieza como subir fotos de lo que disfruto, ahora se ha vuelto un "qué más puedo subir para que a la gente le guste y me dé más *likes*". La historia nos ha enseñado que el hecho de cambiar el poder de la pasión por la obsesión es como si saliéramos de una fiesta para entrar a un panteón.

Imagina lo importante que es la pasión en nuestra vida, que es capaz de sacar todo nuestro poder para lograr nuestras metas. Incluso se han escrito libros dedicados a este tema, uno de ellos (que me encanta) es *Unlimited Power*, de mi autor y conferencista favorito Tony Robbins, sin duda un grande que me ha dado increíbles herramientas para la superación personal. Él cataloga al poder sin límites como la habilidad de producir los resultados que más deseamos, creando valor para otros en el proceso. ¿Qué quiere decir? Que el poder de una pasión se puede convertir en un ejemplo para los demás, convirtiéndonos en fuente de inspiración y guía para que otros también alcancen sus metas. Y no es que busques el reconocimiento (eso sería obsesión), sino que de forma natural las personas buscan y siguen a aquellos que con su pasión han logrado metas que ellos también quieren lograr dentro de su ramo. En resumen, seguir tus pasiones y empoderarlas de forma balanceada te transforma en un camino que muchos querrán seguir, y cuando eso pase (porque créeme, eso pasará), tu trabajo será agradecer, compartir y servir a todos los que van atrás de ti (éste es un punto muy importante, pero ya lo tocaremos más adelante).

En su libro, Robbins también plantea cinco grandes ideas que nos ayudan a distinguir, conocer y controlar el poder de nuestras pasiones, la primera dice que cómo te sientes no es el resultado de lo que está pasando en tu vida, sino de tu interpretación de lo que está pasando. Tú eres quien decide cómo sentirse y actuar con base en las formas en que percibes tu vida. Si pudiera poner un ejemplo de esto, sería el de "mi mejor error", las equivocaciones podrían tomarse como una catástrofe, o darle un valor más grande y aprender de él, todo depende de uno.

La segunda plantea que la forma en que nos comunicamos con otros y con nosotros mismos determina la calidad de nuestra vida, cada uno actúa y ve la vida como la percibe, le da el enfoque que le quiere dar.

La tercera gran idea plantea que para poder alcanzar una extraordinaria calidad de vida necesitas ponerte en un estado de apoyo constante hacia ti y tus logros. ¿Qué significa? Simple, no te abandones. Siempre sé tú, que sepas que las victorias y derrotas que tengas son gracias a tu esfuerzo y convicción.

La cuarta dice que las creencias son la fuerza más poderosa para hacer el bien en tu vida. Ya lo decíamos antes, cuando algo te apasiona se convierte en tu motor, la fuerza que te mueve y te motiva.

Y la última gran idea te invita a que te hagas esta pregunta: ¿qué intentarías hacer si tuvieras la certeza de que no hay posibilidades de fallar? Espera, antes de contestar piensa bien la respuesta. Es más, te pregunto de nuevo:

¿Qué te atreverías a hacer si tuvieras la certeza de que no hay posibilidades de fallar?

Fuerte, ¿verdad? Pero si quieres descubrirlo, debes buscarlo. Distinguir, conocer y controlar el poder de nuestras pasiones nos da la posibilidad de canalizar toda nuestra energía y llevarla a donde nosotros decidamos. Es como tener un súper poder y controlarlo perfectamente. Y digo "controlarlo" porque "debes controlarlo". Así como una pasión te puede llevar muy lejos, también puede convertirse en tu enemiga por no saber controlarla. Es un arma de doble filo.

Debemos tener la visión y la decisión de decir: "Basta por hoy porque me empieza a hacer daño". El problema es que es algo difícil, hay una línea muy delgada entre lo que nos gusta y de lo que dependemos. La pregunta es: ¿cómo no caer en el lado oscuro de la fuerza?

- De entrada, prioriza. Date cuenta de qué es lo verdaderamente importante para ti.
- En vez de juzgar y compararte con la gente, mejor compárate con lo que antes eras y date cuenta del trabajo que te costó llegar hasta lo que eres hoy.
- Cuando de plano metiste un *home run* con las bases llenas, disfrútalo muchísimo, siéntete merecedor de ese logro, pero sólo por un tiempo. Date una noche

de festejo, y al siguiente día vuelve a lo tuyo como un día más. Esto te ayudará a poner en perspectiva las victorias y las derrotas. Así como las malas pasan, las buenas también.

- "Disfruta el camino antes de llegar a la playa." Lo más bonito del trabajo es disfrutar su proceso, el resultado es sólo una consecuencia.

- Equivocarse está bien, el error es una fuente de inspiración (mi mejor error).

- Siempre vuelve a tus raíces, tener presente por qué tienes esa pasión te ayuda a que la motivación siga siendo tu motor.

- Que tu pasión tenga el beneficio de servir, compartir, y ser un ejemplo para los demás. No hablo desde el ego, hablo de compartir lo bien que se siente seguir la pasión y que la gente se dé cuenta de que puede vivir la vida al máximo.

Si seguimos estos puntos y los volvemos parte de nuestros hábitos, podremos disfrutar cada una de nuestras pasiones al máximo. En serio, vale mucho la pena.

Una vez alguien me preguntó qué es lo que me apasiona de las ventas, me di cuenta de que cuando empecé a contestar, la pasión se me desbordaba. Levantaba la voz, me agarraba la cara, y mientras contestaba, imaginaba todo lo que hago para los demás en su vida.

Si pudiera resumir mi pasión por las ventas en una frase, diría: "En cada una de mis ventas estoy ofreciendo el escenario de la vida para alguien".

Imagínate la magnitud y responsabilidad que es vender una casa, no estoy ofreciendo 280 metros cuadrados con sala comedor, estoy vendiendo el lugar donde una familia va a pasar su Navidad. No es una cocina completa, es el espacio donde ella le dirá a su esposo que están esperando su primer hijo. Tampoco es una habitación con baño individual, es el lugar donde una pareja con 35 años de casada decide separarse.

En las ventas, tú trabajas con emociones.

Recuerda la habitación donde pasaste tu niñez, ¿qué había?, ¿cómo hiciste tuyo ese espacio?, ¿le pusiste pósteres?, ¿lo llenaste de plantas?, ¿había un escondite que sólo tú sabías que existía? Las fiestas en la sala, los asados del patio, las peleas por quién se baña primero... la mayoría de las experiencias que marcan nuestra vida sucede en un hogar, y eso es exactamente a lo que me dedico: vendo experiencias.

Por eso es tan apasionante lo que hago, ver las caras de mis clientes al entrar a una casa y ser testigos de cómo imaginan vivir ahí.

"Aquí podríamos poner mi cuadro."

"Este cuarto es ideal para Pepe, le va a encantar la entrada de luz."

"¡Tiene chimenea! A los niños les va a gustar mucho."

Todos, con cada uno de los comentarios que hacen, me inspiran. Me inspiran para encontrarles ese escenario donde estarán guardados todos los momentos que sólo la familia puede tener. Cuando me pongo a pensar en todas esas emociones, hasta se me olvida el tema pesado del papeleo. No importa que a alguien se le haya olvidado firmar la última hoja del contrato o que faltaron algunos documentos, el sueño es realmente lo importante, y si puedo aportar algo para que se cumpla ese sueño, lo trabajo y me siento orgulloso de ser parte de esa historia.

Ahora bien, también debemos saber que la pasión no viene sola (o no debería), existe un elemento básico para que eso que nos enamora dé resultados, y los resultados se dan sólo si nuestra pasión viene con convicción. Hablo de la seguridad para hacer las cosas, la convicción es una fuerza tan grande que es capaz de cambiar la vida. ¿Cómo encontrar nuestra convicción? ¡Actuando!

La pasión con acción se convierte en convicción. Sin acción, la pasión es sólo un sueño.

Trae a tu mente algo que te apasione mucho, a lo mejor te encanta correr, cocinar, el trabajo, o tocar un instrumento musical. Ahora imagina no hacer algo para desarrollar esa pasión. Te gusta la guitarra pero no tomas clases para aprender a tocarla, amas el deporte pero sólo corres para alcanzar el carrito de los tamales, eres fan del cine pero no visitas alguna sala. ¿Verdad que hasta es absurdo? Necesitamos encontrar la convicción en las cosas que amamos para empezar a crear, y para crear, ¡hay que creérsela!

"La acción es lo que integra cada suceso extraordinario. De hecho, la definición literal de 'poder' es 'la habilidad de actuar' " (Tony Robbins).

Resumen

- *Todos contamos con súper poderes: habilidades y fortalezas que nos hacen únicos.*
- *Conócelas, manéjalas, explótalas y combínalas para llegar tan lejos como quieras.*
- *La confianza se transmite; cuando te acerques a alguien hazlo con confianza.*
- *Haz sentir cómoda a la persona con la que estás haciendo el trato; recuerda que no están buscando un vendedor sino un cómplice.*
- *Siempre conoce gente nueva, genuinamente, no con la intención de sacarle provecho.*
- *El NO es un monstruo que se come todas las posibilidades, di SÍ a todo, toma riesgos.*
- *Abraza todo lo bueno que tienes hoy y empodéralo.*
- *Encuentra tu pasión, ese motor que cuando haces switch tu cerebro y tu corazón van de cero a 100.*
- *Poder total es la habilidad de producir los resultados que deseamos creando valor para otros en el proceso.*

- *Conviértete en eso que los demás quieren seguir; agradece, comparte y sigue sirviendo.*
- *Lo que sientes no depende de lo que pasa a tu alrededor sino de la interpretación que le das.*
- *Encuentra lo que es realmente importante para ti.*
- *No juzgues ni te compares con otros.*
- *Disfruta el camino, la meta es sólo una consecuencia.*
- *Sin acción, la pasión es sólo un sueño. La acción es lo que integra cada suceso extraordinario. ¡Actúa!*

5

Descubre el poder
de un hábito

———

L a pasión es una fuerza que debe ser tratada con cuidado. Hay que entenderla y estar preparado para recibirla y controlarla. Hay otros factores que influyen de manera muy importante en el manejo de las pasiones y el poder. Ya hablamos de la convicción, de trabajar con emociones, de disfrutar más el camino que la meta, etc., y para que todo esto surta efecto, debemos seguir trabajando desde adentro, contemplando otras perspectivas, como es cuidar de la mente y el cuerpo.

Para que nuestras pasiones, talentos, fortalezas y todo lo que está en nosotros explote, debemos estar sanos; este paso es básico porque tendremos muchas ganas de cambiar y fortalecer todas nuestras habilidades, pero si no tenemos el cuerpo para hacerlo, será muy difícil lograr el éxito. Recuerda, todo está conectado.

Y es que el balance no nada más pasa por la mente, también influye en nuestra alimentación (por mencionar sólo un ejemplo). Nuestro cuerpo necesita energía, y para obtenerla, requiere de agua (mínimo dos litros al día), alimentos que nos aporten vitaminas, proteínas, etcétera. No estoy diciendo que entres a un régimen "sanguinario" que sólo te permita comer tres almendras en el desayuno, tampoco se trata de que te chutes la dieta de la luna, sino que tengas un balance entre lo que te gusta y lo que tu cuerpo necesita. Es decir, puedes zamparte unos tamales oaxaqueños un sábado por la noche, pero al empezar la semana, dale cariño a tu cuerpo con productos que lo ayuden a tener fuerza y energía. Insisto, un balance entre lo que te gusta y lo que necesitas.

Otro tema importante —hablando del cuerpo— es el periodo de descanso que debemos tener. Dormir es una de las cosas vitales que debemos respetar. Muchas veces por el trabajo excesivo o la fiesta continua no nos damos cuenta del tiempo, y cuando menos sentimos, ya son las cuatro de la mañana y lo único que ha recibido nuestro cuerpo son tres tazas de café, cuatro galletas rancias y 10 cigarros, ¿crees que ese ritmo te va a dar lo que necesitas para lograr el éxito que estás buscando? Ya conoces la respuesta.

Respeta a tu cuerpo, es la herramienta más perfecta y útil que tienes, come a tus horas, duerme bien, date un tiempo para tirarte en el sofá y ver esa película que no te exija la más mínima concentración. A veces tu cuerpo necesita desconectarse de todas las obligaciones que tenemos en el día. Te apuesto que si te tomas una tarde, sólo una tarde para "bajar la cortina", el siguiente día estarás con la fuerza y claridad mental que necesitas.

Yoga, meditación, correr, existen muchísimas herramientas a la mano que nos dan ese balance, ¡Atrévete a hacer alguna, o varias! Incluso tener una cultura del ahorro sirve muchísimo, pues vivir "al día" siempre crea estrés, y eso también afecta al cuerpo. No hay nada como saber que mientras disfrutas tu presente estás asegurando tu futuro.

Estos factores son determinantes para el desarrollo humano, porque, además, cada día que vivimos también es un día menos, y entender que el reloj está corriendo nos obliga a prever desde todas las perspectivas, ¿o acaso crees que ese trasero que tienes estará así para siempre?, ¿que a lo que te dedicas durará toda la vida?, ¿que esa cuenta de banco va a tener los mismos ceros por toda la eternidad?, ¿estás seguro de que mañana te vas a despertar? Para disfrutar cada segundo que nos queda, hay que cuidar y disfrutar cada momento de nuestro presente.

"Dany, ¡en serio! Lo dices como si fuera fácil. ¿Crees que no lo he intentado? ¿Crees que no he tratado de ponerme en forma?"

Sí, puede ser que lo hayas intentado y no lo hayas conseguido, pero no lo lograste porque no lo convertiste en un hábito y no se integró a tu vida. Cuando una actividad se vuelve hábito ya es parte de tu día sin implicar un esfuerzo extra, simplemente lo haces de forma natural, incluso hay veces que ni siquiera te das cuenta.

Mira, te pongo un ejemplo: todos tenemos un modo de bañarnos, hay quien está acostumbrado a dejar correr el agua, otros se enjabonan con la llave cerrada, o algunos dedican hasta una hora en sólo ponerse vitaminas en el cabello. Todos estamos acostumbrados a bañarnos de determinada manera, y para cada uno es normal hacerlo así, porque esa estructura ya está integrada a su vida, eso es un hábito.

Hay quienes tienen más, otros menos, incluso hay quienes parece que no tienen, pero todos tenemos un tipo de hábito y eso es lo que marca nuestra vida. Por eso creo que el hábito lo es todo.

Los buenos o malos hábitos que tengas son los que te dan los resultados que obtienes en tu vida.

Por eso el hábito es tan poderoso, tanto, que yo lo llamo "el hábito del poder". Lo nombro así porque si adquirimos hábitos positivos se convierten en el motor que nos hace lograr nuestras metas, ayudándonos a construir una vida donde nuestros éxitos suceden de forma natural sin forzarnos ni obligarnos, simplemente siendo nosotros. ¿Quieres llegar a tu meta sin ese esfuerzo que sientes que te detiene? Convierte los pasos que tengas que seguir en un hábito, a mí me funciona, y muchísimo:

6:00. ¡Buenos días! (A veces cuesta levantarse, y mucho, pero a darle. ¿Recuerdas que no es un día más, sino uno menos?)

6:30. *Energy time*: ejercicio, respiración, meditación, agradecer y visualización (IMPORTANTÍSIMO); en este momento pongo el tono de lo que será mi día.

7:30. Las niñas desayunan y pa la escuela.

7:45. Nutrición mental: leo, escucho un podcast o un libro con un buen cafecito expreso con leche de avena y un poco de miel.

9:00. ¡Listo para lo que venga! Estoy *open for business*: reuniones, llamadas, hacer y deshacer.

15:00. Comida: hagamos una pausa, platiquemos. "Mi amor, ¿cómo estás?" "Niños, ¿cómo les fue en la escuela?"

16:30. Llamadas, reuniones... y más llamadas y reuniones. ¡Mira! Aquí hay tiempo para más llamadas y más reuniones.

20:00. Trabajo de oficina: compu, búsquedas, seguimiento de contratos... puro papeleo.

21:00. ¡Todos a cenaaar!

23:00. Agradecer, visualizar nuevamente y a la camita.

¿Ves todo lo que puedes hacer? Cada una de las actividades que ya conforman mi "programación" las hago sin esfuerzo porque ya son parte de mí, es "mi hábito". Y si te fijas, todas las cosas que hago son para un bienestar. Cada acción me da energía, me aclara la mente y me da la visión para avanzar.

Uno de los libros que me ayudó a poner hábitos en mi vida se llama *El poder de los hábitos*, de Charles Duhigg, donde habla de tres componentes que deben existir para crear un hábito. El primero es "la señal que desencadena el hábito", que se refiere a qué es lo que quieres lograr para crear esa forma de actuar. ¿Cuál es tu meta? ¿A dónde quieres llegar?: "Quiero conocer Alemania, ¡quiero estar en la Puerta de Brandemburgo!"

La segunda es "la rutina o la acción que se genera para satisfacerlo": "Compré esta alcancía y la llamaré Führer, ahí pondré un billete todos los días hasta juntar lo suficiente para el viaje".

Y la tercera es "la recompensa o resultado después de haber realizado la rutina": "¡Qué emoción, ya tengo para el vuelo! ¡Ya pagué todos los hoteles! ¡Hasta alcanzó para comprar algo extra!"

Estos tres pasos aplican para todo lo que busquemos lograr, por eso nos marcan tanto en nuestra vida. Es más, el hábito tiene tanta influencia en nosotros, que incluso le damos atribuciones que no tiene. Ahiri me lo ha dicho: "Yo no puedo dormir tranquila si no me fumo mi cigarro en la noche". Ella ya adoptó la idea de que necesita el cigarro para dormir, y no es el cigarro como tal, sino el poder que ella le está dando al cigarro, ¿por qué? Porque le da satisfacción, el cigarro cumple una tarea en su vida, que es darle tranquilidad antes de descansar.

Todos los hábitos tienen una tarea por cumplir, ya sea una tarea momentánea y de satisfacción rápida (como el cigarro de mi esposa), o esas que nos cambian y nos duran toda la vida, todo depende de cómo programemos nuestra mente.

Si crees que puedes, o que no puedes, ¡tienes razón!

Así de poderosos son los hábitos, y para que estas "rutinas" jueguen a nuestro favor, debemos enfocarnos primero en las metas que queremos lograr. Por ejemplo: si mi meta es tener un cuerpazo de miedo, debo encontrar los pasos para lograrlo. Me inscribo en un gimnasio, voy a un nutriólogo y sigo paso a paso lo que me recomiendan los especialistas hasta ponerme como quiero. Esos pasos se convierten en un tipo de "programación" que entra en nuestra cabeza para empezar a crear el hábito de hacer ejercicio y comer bien. Debemos estar conscientes de los pequeños pasos que debemos dar para lograr nuestro cometido.

¿Por qué crees que la gran mayoría de las personas tiene la buena intención de tener un cuerpazo y no lo logra? Claro, la primera respuesta que te puede venir a la cabeza es que es por flojera, otra razón es porque la junta se alargó y no dio tiempo, o tal vez porque te enganchaste viendo una serie y cuando te diste cuenta ya era demasiado tarde.

Podríamos encontrar miles de motivos para no empezar a trabajar en nuestras metas, pero la razón más importante es que no se logra porque se pierde el enfoque, y tener sólo la intención no genera resultados. Para realmente empezar a trabajar en lo que queremos, debemos tener una línea clara y no alejarnos de ella. A eso se le llama "programación".

¿Cómo programar nuestra cabeza para que los pasos no se conviertan en un sacrificio? Valora el proceso más que el resultado, y cuando aprendas a disfrutar el camino, la meta tomará una relevancia menos importante, ya que el verdadero aprendizaje está en el proceso. Un ejemplo muy claro es este libro: todos los sábados en la mañana nos reunimos Kari, Charly y yo. En estas reuniones platicamos de los puntos que queremos tocar y después los comentamos, debatimos, estructuramos, y sin querer empezamos a compartir parte de nuestra vida, dejamos de ser dos colaboradores y un inspirador, y pasamos a ser tres amigos que hablan de la vida. Incluso llegamos a nombrar nuestras reuniones como "terapias". Entre hoja y hoja, fuimos testigos del viaje de Kari a Detroit, donde su hija tocó la nieve por primera vez, compartimos la alegría de Charly al pagar por completo su viaje a Holanda, ellos fueron testigos de cómo mi sueño se estaba haciendo realidad al compartir esto que ahora transmito para ti. Cada uno de esos "sábados de terapia" se convertía en una nueva emoción, tan es así que no quería que acabaran.

Pasaron las semanas y estas reuniones también se convirtieron en un hábito, adapté mi vida y mis compromisos para que al juntarnos tuvieran el tiempo y el valor que merecen; estaba disfrutando el viaje. No sé qué pasará cuando el libro se publique, no tengo la más remota idea de quién y cuánta gente lo leerá, pero ¿te digo una cosa? Esto que estoy viviendo no lo cambio por nada, y no lo cambio porque mis sábados estuvieron llenos de motivación e inspiración. Motivación porque despertaba con la emoción por saber qué cosa nueva iba a descubrir, e inspiración porque cada "terapia" me hacía seguir adelante. Así fue como formé mi hábito, disfrutando cada parte del proceso. Y lo mejor de todo es que al hacerlo parte de mi vida dejó de ser algo que me costara trabajo. Y es que neta, velo de esta forma: la vida no puede ser un sufrimiento.

No podemos pasarnos la vida obligándonos a hacer algo que no nos gusta. Nuestro cuerpo y cerebro son capaces de adaptarse a todo, y cuando eso pasa, estamos del otro lado. El chiste está en saber adaptarlo. Si tu meta es el cuerpazo, primero encuentra algún tipo de ejercicio que te guste y disfrutes, y ¡hazlo!, ¡hay miles! Después busca alimentos que sean sanos y también que te gusten. Recuerda que si no disfrutas el proceso, será prácticamente imposible convertirlo en un hábito y resultará complicado llegar a la meta.

Hay estudios que dicen que para lograr un hábito necesitamos 12 semanas, después de ese tiempo, la dinámica ya es parte de tu vida y no te exige ningún sacrificio, al contrario, no hacerlo te hace sentir mal, hay un remordimiento por faltar a lo que es parte de ti. Pero el reto es pasar las 12 semanas.

Seamos honestos, lograr esos tres meses de constancia requiere esfuerzo, porque muchas veces para lograr un hábito positivo debemos resetear nuestra mente y dejar a un lado otras costumbres. Tendremos toda la ilusión y las ganas de levantarnos temprano, pero esa ilusión no nos va a levantar, ¡nosotros tenemos que hacerlo!

En esas 12 semanas puede que te encuentres con batallas que debes ganar todos los días, porque en cualquier momento, cualquier mañana, puedes despertar diciendo:

- "No te levantes."
- "Hazlo mañana."
- "Los niños pueden hacerlo solos."
- "Después arranco con la dieta."
- "Le llamo al cliente luego."

Sí, cuesta, y a veces cuesta más de lo que uno cree. Pero, ¿las mejores cosas de la vida son fáciles?, ¿tendrían el mismo valor si fueran sencillas? ¿Crees que aprenderías algo si las metas te las dieran en la mano? Las cosas más valiosas lo son por lo que nos costaron. Pero esos esfuerzos que uno debe hacer tienen recompensas que duran toda la vida.

Trabajar por un hábito es un pequeño sacrificio para una gran satisfacción.

Insisto, no tenemos por qué empezar con lo más difícil, tampoco se trata de sufrir, sino de hacer un plan donde empecemos a crear rutinas con las cosas pequeñas y, a medida que las dominemos, empezaremos a crear hábitos más importantes, ¿por qué no empezamos hoy?

Te propongo un reto, uno muy sencillo que puedes lograr y que te dará muchos beneficios: a partir de mañana, empezarás a crear el hábito de tomar dos litros de agua diario. Sí, dos litros de agua. Tienes todo el día para tomarlos y al ritmo que tú quieras, pero deben ser dos litros. Fácil, ¿no?

Verás que al pasar el tiempo ese "esfuerzo" será parte de tu día a día hasta que lo hagas sin darte cuenta. Vivirás hidratado, sano y empezarás a dejar de tomar refrescos o bebidas azucaradas, haciendo que este nuevo hábito te lleve a más beneficios como bajar de peso, por mencionar un ejemplo. La idea con este reto es demostrarte que conforme vayas dominando lo "micro" vas a llegar a lo "macro". Lo importante es no aflojar y seguir la regla de oro: "Mientras no dañes a los demás, no haya remordimientos y tengas una vida plena, haz de tus hábitos lo que te dé la gana".

En nuestro cerebro debería haber una zona que se llamara "sistema automatizado cerebral", la cual describiría como "la parte central del sistema nervioso del ser humano donde se almacenan y adoptan las dinámicas de vida" (¡uf!, aquí sí me lucí).

Hablando en serio y poniéndonos científicos, cientos de estudios han demostrado que los seres humanos tenemos la capacidad de aprender debido a los estímulos que hay en nuestro entorno gracias al sistema nervioso. Este sistema posee una gran plasticidad según la información sensorial que recibe, y se adapta según las necesidades que le exige cada situación. Por eso se define al cerebro como el órgano del aprendizaje.

Todos sabemos que si algo nos gusta, nos atrapa. Cuando encontramos algo que nos satisface, fácilmente lo recordamos y queremos repetirlo. Francisco Mora, doctor en medicina y en neurociencia, nos dice: "Sólo se puede aprender aquello que se ama". Él señala que sólo puede ser verdaderamente aprendido aquello que llama la atención y genera emoción; eso que es diferente y sobresale de la monotonía. Y aprender cómo memorizar significa hacer asociaciones de eventos que producen cambios en las neuronas y sus contactos con otras neuronas que se conectan entre sí; a eso se le llama sinapsis.

Este proceso permite que nuestro cerebro siga aprendiendo aun estando maduro, haciendo que cada experiencia deje alguna huella en él. Y si tenemos la posibilidad de crear esa sinapsis en algo que nos guste y beneficie, de manera natural estamos condicionando a nuestro cerebro para adaptar nuestras dinámicas.

En conclusión, si los hábitos pueden resetear nuestra mente para crear un nuevo camino, podemos llegar a donde queramos aprendiendo y disfrutando todo el proceso hasta adaptarlo a nuestra mente, ¡somos diferentes! Somos alguien más comprometido, más amado, más nosotros. Y para ser más nosotros, debemos alimentar nuestro cerebro de cosas que nos hagan bien. Si a nuestro cerebro lo alimentamos de hábitos como la lectura, el ejercicio, la buena alimentación, etc., estaremos plantando las bases para llegar a donde queremos.

La ciencia también dice que para desarrollar el proceso mental hay que hacer que el cerebro "haga ejercicio". Sí, la mente es como un músculo que debemos ejercitar para tener un "cuerpazo". Haz que estire sus piernitas, sus bracitos, ponla en forma. Y cuando empieces a sentir la diferencia, lo que estás logrando es expandir tu mente, la hiciste "más fuerte". Existen muchísimos ejercicios para ponerla "en forma".

Te la pongo fácil: atrévete a mañana bañarte con los ojos cerrados. Cuando dejamos de ver, de manera automática agudizamos los otros sentidos, hacemos memoria de dónde están las cosas, calculamos el espacio, nos movemos más pausado... tu mente se está ejercitando porque la estás forzando a trabajar de diferente manera. Si esto lo repites una y otra vez, empezarás a hacerlo de forma automática porque tu mente empieza a fortalecerse, a expandirse.

En mi caso, gracias a esa expansión, a esa apertura por leer, escuchar, analizar y sacar mis propias conclusiones, puedo encontrar otras perspectivas y formas de actuar. Cada vez que me dispongo a descubrir algo nuevo, también me estoy dando la oportunidad de discernir y tener un punto de vista más objetivo a todo lo que pasa a mi alrededor. ¿Por qué no dudar de lo que sabemos?, ¿estamos seguros de que la forma en la que concebimos el mundo es así?, ¿que lo que creemos es por convicción y no inculcado? Desgraciadamente vivimos en un mundo donde mucha de la información es una porquería, incluso tenemos la verdad condicionada por quien la dice, pero, ¿ésa es la verdad verdadera? "Tienes que estudiar y titularte." "¿Cómo que no te vas a casar y tener hijos?" "Se te está yendo el tren y no vas a hacer nada de tu vida." ¿Y qué pasa si no quiero agarrar ese tren? ¿Me van a quitar el apellido si no soy arquitecto como mi papá y decido dedicarme a, no sé, ¿cuidar perros? ¿Por qué siempre tengo que hacer lo que me dicen en vez de hacer lo que me dicte mi pasión?

Atrévete a salir a la calle, habla con la gente, lee, compara información, cuestiónate todo, encuentra lo que realmente va contigo y a partir de ahí traza tu propio rumbo. Abrir la mente te da la oportunidad de redescubrirte para saber si el camino que has tomado es el correcto o debes dar vuelta en *u*.

En mi caso, dejar los escenarios para dedicarme a ventas me exigió "resetear" mi mente y crear nuevos hábitos para lograr lo que hoy tengo. Lo que antes era la farándula hoy se ha convertido en ventas; y todo este análisis y aprendizaje que he vivido me creó el hábito de observar a mi cliente, descubrir lo que realmente quiere y ganarme su confianza siendo empático.

Hoy, gracias al hábito, cada vez que me encuentro con un posible comprador me ocupo de convertirme en su amigo, de hecho muchas veces empiezo rompiendo el hielo haciendo un cumplido. "Oye, qué padre camisa traes." "¿Fuiste ayer a ese restaurante? ¡Uf!, está de lujo." "Cerca de la casa hay un gimnasio, te lo digo porque se ve que estás en forma." No es que esté mintiendo, todos los halagos que comparto con mis clientes son reales, y de este modo estoy creando una conexión para tener una plática más relajada.

También me hice el hábito de conocer por lo menos una persona nueva cada día, y no estoy hablando de: "Hola, cómo estás, me llamo Dany. Mucho gusto, hasta luego". Hablo de conocer a una persona lo suficiente como para que me comparta su número de teléfono, correo o red social. Es decir, realmente crear una conexión que perdure. Este hábito en ventas es necesario, ya que así descubres a tu nuevo comprador.

Mientras más gente conozcas, más negocio harás.

Al principio me fue complicado, pero cuando se convirtió en hábito, al pasar del tiempo dejé de conocer una persona al día, ya eran dos, más adelante tres, y todas esas conexiones eran genuinas, reales y me llevaron a más ventas; recuerda, la gente no quiere que le vendan, quiere comprar con cómplices.

¿Te has dado cuenta de lo molesto que se vuelve cuando un banco o telefónica te llama para ofrecerte una promoción o tarjeta *gold*? Por lo general son insistentes y molestos porque no les importan tus necesidades, sólo buscan la venta y van directo a ella. Por eso su porcentaje de éxito es bajo. Cuando entendí que la magia está en conectar con el cliente y programarse para hacerlo, cada vez cerraba más tratos porque logré conectar con su estilo de vida y no al revés.

La observación ahora es parte de mi vida, si mi cliente tiene hijos pequeños, me enfoco en alguna casa que tenga cerca un parque o una escuela. Si mis clientes son una pareja que no quieren tener hijos, les ofrezco un lugar cerca de restaurantes o bares. Y por más que busque una gran comisión, es mejor invertir en esa venta que me dará un beneficio a largo plazo, porque ese cliente me recomendará con alguien que sí esté buscando una casa más grande que me dé mejores ganancias. Los clientes felices siempre regresan y compran más, directa o indirectamente, todo se trata de cerrar la venta para tener un cliente tan feliz como para que regrese. Y para que regrese tienes que ser:

Implacable: o sea, ser positivo, rápido y estar listo. Tu trabajo debe ser tu pasión y eso debes mostrárselos a tus clientes.

Empático: siempre ponte en sus zapatos y ofréceles lo que les convenga.

Paciente: todos los clientes necesitan tiempo para decidir su compra, así que no desesperes. Si estás vendiendo un producto que es bueno a un precio justo, el cliente se tomará unos días para comparar y, al final, regresará a ti.

Analítico: primero deja que los clientes hablen, escúchalos con atención y luego analiza muy bien lo que vas a responder. "Piensa rápido, habla lento."

Seguro: tu conocimiento y experiencia te ayudan a conectar a los clientes con lo que quieren, y es así porque cuando haces algo con pasión y constancia ¡eres un campeón!

Respetuoso: siempre sé auténtico y honesto en todo lo que digas y ofrezcas, tanto el cliente como tú se lo merecen.

Créeme, los hábitos te pueden dar todo esto y más, todo depende de pasar esa barrera de las 12 semanas para integrarlos en tu programación, y cuando lo hagas, lograrás vender algo mucho más arriba del presupuesto de tu cliente pero sin ningún tipo de presión:

—Buenas tardes.

—Hola, ¿en qué te puedo servir?

—Estoy buscando un coche pero no muy caro, de unos 150 000 pesos.

—Mmm… ok, mira, tengo ese gris que está en la esquina.

—¿No tienes otro un poco más grande pero al mismo precio?

—¿Sabes qué? Te quiero enseñar este coche azul, no está en tu presupuesto pero, por favor, súbete y siéntelo.

—¡Guau! Está increíble. ¿Cuánto cuesta?

—470 000.

—¡Uf! Imposible, está muy caro.

—Lo sé, pero acaba de llegar y la verdad me encanta, quería que te subieras para saber si yo estaba loco o de verdad es un carrazo.

—¡Jajajajaja! No, no estás loco, ¡es un carrazo!

—¿Verdad que sí? Bueno, busquemos un coche para ti. Mira ese rojo.

—Oye, ése no está mal, ¡nada mal!

—¿Verdad? No es tan lujoso como en el que te subiste, pero tampoco tan chico como el gris, además éste también es increíble.

—¿Y cuánto cuesta?

—220 000.

—Mmm... también se sale de mi presupuesto.

—Lo sé, pero está a planes, tengo facilidades de pago y bueno, está a menos de la mitad que el azul.

—¿Y los planes son buenos?

—¡Muy buenos! Ven, acompáñame y te explico.

—¡Va!

Finalmente el cliente compró el coche rojo rebasando su presupuesto. ¿Conclusión? Negociar con la cartera es complicado, negociar con sus emociones es mucho más fácil. Y todo de forma natural.

He tenido la fortuna de lograr ventas donde mis clientes inician con un presupuesto de 250 000, más adelante suben a 400 000, después a 700 000 hasta comprar una casa de un millón. Sí, más del triple de su presupuesto inicial. Quizá pienses que tuve buena suerte, que es un caso en un millón; lo que yo pienso es que este tipo de cierres se hacen gracias a la constancia y seguimiento que se le da a cada prospecto, además de escuchar y entender las necesidades. A medida que pasa el tiempo y te vuelves "cómplice" del cliente, él se siente más cómodo y con mayor confianza. Cada llamada, mensaje o correo es una oportunidad para acercarte a él y convertir esa negociación en un plan donde dos amigos se unen para conseguir un sueño, y mi trabajo es que mi amigo lo haga realidad. Todo este proceso se puede lograr si nos disponemos a trabajar de verdad, es hacer que nuestro "hámster mental" corra y accione, porque las acciones son la fuente de los resultados.

¿Fácil? No, claro que no. Lograr una venta así requiere de seguimiento, estructura y pasos a seguir, y estos pasos no sólo aplican a las ventas, sino a la vida.

Todos, absolutamente todos, vendemos algo.

¿Acaso no "te vendes" para conquistar a esa persona que te gusta?, ¿de niño no te portabas bien para que te dejaran ir a la fiesta? ¡Obvio sí! Cada uno de nosotros vendemos algo para lograr una meta, la magia está en todo lo que uno hace para llegar a ella. Y si no sabes cómo hacerlo, buscas a alguien que te enseñe.

Resumen

- *Ni muy muy ni tan tan. Siempre debe haber un balance entre lo que necesitamos y lo que nos gusta.*
- *Respeta a tu cuerpo, es la herramienta más perfecta y útil que tienes.*
- *Cada día que vivimos es un día menos. Hay que cuidar y disfrutar cada momento de nuestro presente.*
- *Los hábitos son los que te dan los resultados.*
- *Para llegar a la meta convierte los pasos que necesitas en un hábito.*
- *Así creas que puedes o creas que no puedes, de cualquier manera tienes razón.*
- *La intención por sí sola no genera resultados, debemos trazar una línea de enfoque muy clara y apegarnos a ella.*
- *Pequeños esfuerzos generan grandes resultados para toda la vida.*
- *Sólo se puede aprender lo que se ama, disfruta el viaje.*
- *Siempre cuestiónate todo.*
- *Conoce gente, mucha gente, todo el tiempo.*
- *Sé implacable, empático, paciente, analítico, seguro y respetuoso.*
- *Negociar con la cartera es complicado, negociar con emociones es mucho más fácil.*
- *Todos vendemos algo.*

6

Arma tu círculo de modelos a seguir

Regreso al tema del ejercicio, por ejemplo, Poncho, mi amigo. Él tiene un cuerpazo de envidia, lo ha trabajado y, al verlo, me dan ganas de ponerme igual de fit, ¿qué es lo que hago? Lo sigo, me acerco a él, le explico lo que quiero y después le pido que me guíe, que me diga cómo hizo para estar así, a partir de eso, lo que me queda es replicar su proceso. Lo mismo pasa con mi hija Darelle, a ella le gusta mucho bailar y lo que hace es meterse a las redes sociales para ver a los bailarines que admira.

Los sigue, observa sus pasos y analiza cómo lo hicieron y los replica. A ese proceso se le llama "modelo", hablo de una guía donde personas ya han recorrido ese camino y que tú puedes replicar, haciendo que el éxito sea menos complicado de lo que creemos, porque esos modelos son una forma de visualizar las acciones que nos llevan al éxito. No se trata de reinventar la rueda, se trata de seguir un camino que alguien más recorrió, con la ventaja de que esa persona te puede enseñar una forma más fácil de llegar.

Una vez leí un libro muy interesante que se llama *The Millionaire Real Estate Agent* de Gary Keller, quien es el fundador de Keller Williams, la empresa de bienes raíces más grande del mundo. Ahí explica los pasos a seguir para llegar al éxito y señala que los resultados son cien por ciento proporcionales a las acciones que realizamos. Es decir, si trabajamos, ganamos dinero. Si no lo hacemos, obviamente no ganamos nada.

Ahora bien, para obtener buenos resultados, es necesaria la acción sumada al pensamiento, no sólo tenemos que accionar, sino dirigir nuestros pensamientos para que eso que queremos suceda. Y para lograr los mejores resultados, es necesaria la acción, el pensamiento y los modelos. Es decir, accionamos y pensamos basándonos en ejemplos a seguir.

Una de las primeras cosas que debemos hacer es crear un plan; ésta es una herramienta súper poderosa para definir metas y plantear los pasos para llegar al objetivo. Es decir, si queremos llegar del punto A al D, primero debemos planear cómo llegar al B y después al C, y de ahí lograr la verdadera meta. Cada éxito que nos propongamos requiere de pasos a seguir. "Para correr, primero hay que aprender a caminar." Y para empezar a caminar, debemos crear objetivos, estrategias y prioridades. Mira, te pongo un ejemplo:

"Mi meta es tener un abdomen de lavadero" (ése es mi objetivo). Para lograrlo, debemos plantear qué es lo primero por hacer.

"Voy a empezar a dejar de tomar refrescos y consumir grasas." Éste sería el primer paso, ahí se está creando una estrategia.

"Si voy a un restaurante pediré ensalada acompañada de un vaso de agua." Aquí estamos priorizando y poniendo delante nuestra meta antes que el antojo. ¿Ves? Todo paso a paso.

Una herramienta que nos puede funcionar mucho es crear una agenda, esto nos ayuda a comprometernos con nuestras acciones, asegurarnos de cumplirlas y obvio no olvidarlas.

Todo este proceso implica cambiar nuestra manera de pensar, ¡es hora de resetearnos! Sólo así podremos enfocarnos y lograr resultados. La forma para que esto suceda es:

- Darle respuesta a nuestro gran "por qué": ¿recuerdas el principio del libro? Ahí hicimos un ejercicio donde nos preguntamos varias veces por qué hacíamos las cosas.
- Pensamiento: tener enfoque para lo que queremos lograr, siempre con mentalidad para hacerlo realidad.
- Comportamiento: cómo debo transformar mi vida y mis acciones.

- Hábitos: esta nueva forma de vivir se integra a nuestro día a día hasta convertirla en parte de nosotros.
- Relaciones: habla de las personas que tenemos a nuestro alrededor; busquemos ejemplos a seguir y repitamos sus pasos.

Siguiendo uno a uno estos puntos podremos llegar a los logros; cada paso que avanzamos son "pequeños éxitos" que, sumados, nos llevarán al premio mayor.

Si no entendemos o reinventamos nuestra realidad, la forma en que vivimos nos llevará al fracaso o a un éxito a medias.

En su libro, Gary Keller también menciona que debemos enfocarnos en los objetivos SMART, siglas en ingles donde cada una de las letras representa los pasos que debemos cumplir, y aunque yo utilizo estos objetivos para ventas, sirven para lo que quieras:

Specific (específico): define claramente lo que harás. No sólo hago una venta de bienes raíces, sino que considero a cuántas familias puedo ayudar. Por eso me aseguro de saber con cuántas familias voy a tratar para que todo su proceso de compra sea lo más tranquilo y seguro posible.

Measurable (medible): establece criterios específicos de medición hacia cada objetivo que te fijes. Ya que sé a cuánta gente voy a ayudar, me dedico a ver cuánto tiempo me lleva lograrlo; ese cálculo se vuelve una base para que en el siguiente "corte de tiempo" pueda evaluar si llegué al mínimo requerido. Y ya que mantuve el nivel por algún tiempo, "elevo la vara".

Achievable (alcanzable): las metas deben retarte, pero tener un buen equilibrio entre el conocimiento y las habilidades que posees. Si te dedicas a las ventas, conoces el ramo y tu meta es vender cinco casas por mes, empieza por crear campañas de *marketing* que atraigan a 500 interesados, de ahí quizá con 50 tengas contacto. De esos 50, puede ser que 10 realmente tengan la posibilidad y, al final, se firmen cinco contratos.

Repeatable (repetible): el objetivo o la acción debe poder replicarse. Sigo el ejemplo de las ventas. Después de promoverte en tres medios diferentes y una vez ubicado cuál medio es el que dio mejores resultados, el mes siguiente pule esa campaña o haz otra diferente, apuéstale al medio que mejores reacciones tuvo e inviértele presupuesto para madurarlo y que cada mes genere nuevos interesados, quizá en otras zonas, quizá a diferente mercado, pero la fórmula ya la tienes.

Timely (agendable): establecer una fecha límite ayuda a enfocar esfuerzos y priorizar las tareas más urgentes. Si hiciste una campaña que duró uno, dos o tres meses, ésa es tu meta a corto plazo. Ahora, al final de año, mide lo que generaste y qué funcionó. Después replantea tu plan para que el siguiente año establezcas nuevos objetivos.

Ya sé, nos estamos poniendo muy "técnicos". Pero entre más combinemos el corazón con un proceso correcto y probado, estaremos asegurando el éxito que buscamos, todo consiste en combinar estos factores y poco a poco iremos encontrando el camino para nuestro desarrollo y lograr lo que todos queremos: construir riqueza. Y hablo de riqueza de cualquier tipo, no todo es dinero.

Para llegar al nivel máximo de la riqueza se requieren cinco puntos elementales:

- Debemos tener un compromiso serio con el proceso que decidamos seguir hasta convertirnos en unos verdaderos *masters*.
- Debes enfocarte 20% en lo que más importa (ley de Pareto).
- Hacer que la base de tu plan de acción sea aprender constantemente.
- Eliminar creencias limitantes. Abrirse a ideas y procesos nuevos.
- Vivir y disfrutar cada ciclo.

Para lograr cada uno de estos puntos, debemos crear una disciplina que nos haga ser constantes, no se trata de ir por la vida creyendo en la suerte, no esperemos a que un tío millonario que vive en Suiza nos herede toda su fortuna porque "le caemos bien". Hay que trabajar duro para lograr los resultados que esperamos.

Una persona exitosa se enfoca en seis áreas de disciplina, y una de ellas es la persistencia. ¡No aflojes! Si quieres tener un abdomen como el de mi amigo Poncho, levanta ese trasero y ve al gimnasio un día, y al siguiente también, ¡y el que sigue lo mismo!

La segunda es la espiritual; aquí nos nutrimos de momentos en los que buscamos el balance con la meditación y agradeciendo por lo que uno es y tiene. Date minutos de silencio, cierra los ojos y respira profundo. Y si no crees en eso, entonces disfruta el agua caliente al bañarte, tírate en la sombra de un árbol, abraza a tus papás o hijos. Lo más importante, agradece y date la oportunidad de gozar lo que tienes.

Al darles continuidad a nuestras acciones estamos creando el hábito de vivir en la realidad siendo más productivos.

La tercera habla del estado físico; acostumbrarse a hacer ejercicio y comer bien ayuda al estrés. Si un día estás muy molesto con tus hijos y de plano los quieres ahorcar (obvio en sentido figurado, ¡tampoco exageres!), en vez de levantarles la mano, ¡salte! Salte y corre la cuadra completa. Verás que cuando regreses te sentirás más tranquilo.

La cuarta habla del tiempo, ¡de darse un tiempo! Trabajar por lo menos siete horas al día durante más de 50 semanas merece un descanso, ¿no? Trabajamos para vivir, no vivimos para trabajar. Proponte al menos dos veces al año escaparte a algún lugar. Puede ser lejos, cerca, da igual. Lo que importa es que te lo mereces y tu cuerpo lo necesita.

La quinta es el dinero. Sí, todos sabemos que el dinero es importante, pero tampoco podemos vivir por él y para él, siempre es necesario darnos un respiro y disfrutar lo que uno ha trabajado. Haz que todo el esfuerzo que has invertido valga la pena dándote lo que mereces:

"El dinero te sirve, tú no sirves al dinero."

Y la última es el crecimiento; significa que siempre hay algo que aprender. No importa si llevas 40 años en la empresa y te las sepas "de todas, todas", porque llegará gente joven con nuevas herramientas que podrás aprender y sumar a tu experiencia.

Por último, plantea que existen relaciones básicas para construir riqueza, como tener mentores o modelos a seguir. Admira al menos a cinco personas, ellas son el ejemplo del lugar a donde quieres llegar. También habla de convertirte en prioridad, es decir, ser la persona por la que quieres construir riqueza. Una más es el amor (básico, ¡súper básico!): ámate a ti, ama a tu esposo, esposa, papás, hermanos, amigos, perros, gatos, árboles... ama todo lo que tengas alrededor y agradece siempre por tener la vida que tienes, porque ése es uno de los pasos esenciales para tener una mejor vida.

Robert Waldinger, de la Universidad de Harvard, es director de un estudio sociológico que ha hecho un seguimiento durante 75 años a 724 voluntarios para encontrar lo que realmente hace feliz y saludable a la gente, situando las relaciones personales como el motor de una buena vida; también propone trabajar para que los niños y adultos sean emocionalmente más inteligentes.

Al principio, factores como el éxito profesional, la fama y la riqueza fueron cualidades que los participantes catalogaron como sus metas más importantes. Al pasar del tiempo, el pensamiento fue avanzando hasta llegar a la raíz, descubriendo que mantener el contacto con amigos y familiares se tradujo en mayores niveles de felicidad y salud, al grado de que las personas que construyeron relaciones sociales y familiares sólidas envejecieron mucho más felices y saludables, por encima de las que hicieron más ejercicio o cuidaron mejor su alimentación. Sí, el dinero no es la felicidad, es el amor. ¡Datos científicos!

Es claro que tener relaciones estrechas es bueno para el bienestar, incluso existen otros estudios que señalan que la falta de vínculos sociales tiene relación directa con enfermedades cardiovasculares y hasta cáncer. En conclusión, aunque las relaciones son a veces complicadas, también son básicas para un balance emocional y físico, por eso es tan importante que tengamos calidad en nuestras relaciones, más que cantidad.

Todo este estudio y pasos a seguir me enseñaron lo importantes que son los modelos en la vida y que cada modelo tiene una finalidad específica:

Un solo modelo no es bueno si lo usas para todo.

"¡Quiero aprender a conducir un coche!"

Vas a una escuela de manejo, y no a un gimnasio.

"¡Quiero ponerme súper marcado!"

Te inscribes en el gimnasio, y no en la escuela de manejo.

Cada espacio tiene una finalidad y un proceso, pero todos tienen diferentes modelos. Lo que yo hago es fusionarlos, los combino para que me den un mejor resultado. Hay un modelo "base" que sigo y que consiste en lo "mínimo" requerido.

Puedes encontrar los modelos a seguir desde el reconocimiento, y es que antes de seguir la estructura de alguien debemos ser conscientes de que esa persona hace mejor las cosas que nosotros. Parece absurdo remarcarlo, pero es real.

¿Por qué nos cuesta tanto reconocer las virtudes de alguien? ¿Qué tiene de malo saber que alguien es mejor que uno? Parece que estamos viviendo en una eterna competencia donde todos son "enemigos a vencer". En vez de fomentar el reconocimiento hacia una persona, nos lo guardamos, ¡y hasta la criticamos! Buscamos los errores en vez del acierto, es como ir a Las Vegas y buscar el foco fundido entre toda la magia que hay en el lugar.

Un buen ejemplo de esto es cuando conozco a un cliente y empieza el seguimiento: hago la llamada y realizo las mismas preguntas, ya con toda la información subo los datos al sistema. Más adelante empiezo a hacer la búsqueda de casas y el seguimiento continúa toda la semana. Pasadas dos semanas, tres o un mes, los clientes vienen a la visita. Los recojo en el hotel donde están hospedados y arranco con un *tour* por el área, les muestro las zonas más conocidas y los lugares que puedo recomendar, ¡todo un guía de turistas!:

"Aquí, del lado derecho, está el restaurante Zantis, ¡las pastas son buenísimas!"

"Enfrente de ustedes está el parque."

"Acá a la derecha está la escuela, y a dos cuadras está su casa."

Cuando muestro las casas y el cliente se enamora de una, empieza otro modelo: a partir de que se firma el contrato hasta que se cierra, Ruth, quien es parte de mi equipo (y hace mi vida mucho más sencilla), se hace cargo. Ella tiene su propio modelo para que los papeles salgan a tiempo y todo esté en orden. Esa estructura la sumé a "mi modelo de ventas". Independientemente de que yo sepa hacer ese modelo, también estoy consciente de los talentos y fortalezas que ella tiene para desempeñar ese trabajo mejor que yo, sumo su habilidad y modelo para seguir construyendo el mío y así llegar a la venta para obtener los resultados que espero.

¿Y qué pasa si le sumo otro modelo? ¿Por qué no encontrar uno que me enseñe el camino para entender que esto ya no se trata de ventas, sino de "en qué te puedo servir"? Sé que ese modelo te abre una perspectiva muy diferente a lo que son las ventas, son otros compromisos y pasos a seguir, pasos que me van a ayudar a que mis clientes vivan toda una experiencia donde la plática sea más humana.

Si en el transcurso del *tour* que les hago a mis clientes les pregunto qué necesitan, qué les gusta o cómo se sienten, estoy creando un vínculo donde les hago saber que, para mí, ellos son lo importante, y que yo soy el puente entre el sueño de vivir en Estados Unidos y que se haga realidad. Entonces no sólo vendo una casa, no se trata de 320 metros cuadrados de pura construcción, también se trata de todo lo que representa venir a vivir a este país. Lo vendo así porque yo sé lo que se siente llegar a un país nuevo, y no hay absolutamente nadie en el mercado que pueda explicar de la misma forma que yo. Soy mexicano, conozco a la comunidad estadounidense, tengo la experiencia para compartir todo por lo que uno pasa y siente, así que mi experiencia técnica y humana hace que todo tome un valor más profundo que sólo buscar el beneficio propio.

Después, al integrar ese modelo, busco uno más. Mi siguiente meta es encontrar un modelo donde aparezca un "segundo Dany" que esté en San Francisco, un tercero que cubra Chicago, un "Dany más" que esté en Dallas, ¿por qué no? No se trata de encontrar el hilo negro, los modelos existen, están ahí y funcionan tanto para ventas como para todo lo que nos propongamos. ¿Quieres emprender un negocio?, ¿ser mejor persona?, ¿descubrir qué camino quieres tomar? Usa los modelos, unos que se adapten a lo que eres, porque nadie es como tú y nadie está en tus zapatos.

Sé tú mismo, porque todos los demás ya tienen dueño.

Adoptar un modelo y adaptarlo a lo que somos nos ayuda a seguir siendo nosotros mismos. No pierdas tu individualidad, ya que eres único, y esa forma de pensar, de decir las cosas y de actuar sólo tú la tienes. Recuerda tener bien claro a dónde quieres llegar, qué necesitas para ello y sé consciente de si tienes las habilidades para lograrlo:

¿Tienes buena voz y quieres convertirte en cantante?

Entonces pégale fuerte porque hay mucha competencia.

¿Tu voz se oye como el carrito de camotes?

Mejor busca algo que se adapte a ti.

Se trabaja con lo que se tiene, no con lo que se sueña.

Te pongo un ejemplo con una pregunta: ¿cómo hablas de tu competencia? ¿Qué pasa cuando estás en un concurso y el primer lugar no eres tú? Hay quienes en automático se justifican y critican al que ganó:

–"¡Bah! Su propuesta es muy 'ochentera'."

–"Lo que pasa es que uno de los jueces es su amigo."

—"¿Ése ganó?, ¡pero tiene muchos errores!"

La mayoría de las veces anteponemos el "yo" enjuiciando lo que el otro logró, cuando la verdad es que no hicimos lo suficiente, no leímos bien el proyecto y lo que en realidad estaban buscando. Claramente a nadie le gusta perder, pero nos hace más daño el "mal perder"; recuerda que todo es cuestión de enfoques, en lugar de ver una pérdida enfócate en el aprendizaje que te generó.

En una ocasión estaba en mi trabajo, llamaba a prospectos, hacía búsquedas, etc., y en eso recibo una llamada:

"¡Oye, Dany, ¿qué crees?, qué pena pero mi esposa tiene una amiga que le recomendó otro agente inmobiliario y nos vamos a ir con ella. Disculpa el tiempo que invertiste en nosotros".

Obvio me molesté, llevaba tiempo trabajando en esa venta para que de buenas a primeras decidiera cambiarme. Pude haberle dicho mil cosas, contestar cortante y demostrarle mi incomodidad, pero ¿serviría de algo? Dudo mucho que si el cliente me viera molesto le llamara a su esposa para decirle: "Oye, amor, ¿sabes qué? Mejor dile a tu amiga que siempre no se va a hacer, ¡es que Dany se enojó!" Esas cosas no pasan.

En vez de eso, preferí reconocer lo que estaba pasando: "Carlos, qué lástima de verdad, me hubiera encantado ayudarlos, pero lo entiendo, y estoy aquí para lo que necesites. Definitivamente Lorena [su nueva agente] es una estupenda vendedora de bienes raíces y sé que van a encontrar la casa ideal para ustedes".

Mi respuesta nació desde un lugar muy sincero, de verdad lo fue. Aun siendo un cliente que se me iba (que, por cierto, eso siempre se siente feo), decidí dejar la puerta abierta. Además de seguir teniendo la posibilidad de que el cliente vuelva en un futuro (o me recomiende con alguien), también estoy colocándome en una posición donde su necesidad es más importante que la mía. Repito, las ventas no se tratan de mí, se tratan de mi cliente. Cuando hablas pestes de alguien, la persona que te escucha podría pensar que también hablarás pestes de él, y eso elimina la confianza.

Así funciona el reconocimiento, es esa acción que mezcla honestidad, humildad y te abre una puerta para ser mejor: "Reconozco que eres un experto para lo que haces, y por eso quiero hacerlo igual que tú".

A partir del reconocimiento de las personas podemos crear nuestro grupo de influencia, y este punto está muy relacionado con los modelos. Te explico:

No pienses "Quiero ser mejor que tú", piensa "Quiero ser mejor que yo". Reconocer no es signo de debilidad, es signo de grandeza.

Todos, absolutamente todos hemos sido o estamos influenciados por alguien. Cuando fuimos niños, nuestro grupo de influencia eran papá y mamá, pudieron ser también los hermanos, los tíos o los amigos, y cada uno de ellos nos ha marcado para ser como somos. Un muy buen ejemplo es Pablo. Cuando era niño, Pablo conoció el mundo de los coches gracias a su papá, y con sus enseñanzas despertó más su interés por los autos (su papá es su grupo de influencia). Pasan los años y ahora Pablo comienza a ser independiente, es un gran fotógrafo, le encanta la música y a la fecha le siguen apasionando los coches. ¿Qué hizo después? Gracias a su grupo de influencia y pasión por lo que le gusta decidió investigar más acerca del mundo de los autos, entonces empezó a buscar un modelo a seguir.

Mandó cientos de correos a expertos para que le compartieran nuevos conocimientos, tendencias y cosas que sólo ellos saben. Insistió tanto que algunos decidieron apoyarlo enseñándole los modelos que usan para que él pudiera replicarlos y adaptarlos a lo que se dedica. Hoy Pablo es un excelente productor especializado en música, fotografía y edición de videos para autos.

Así son los grupos de influencia, nos marcan a tal grado que nos pueden llevar a lugares tan extraordinarios como a otros muy oscuros, hay grupos que te marcan para bien, y otros para mal, por eso hay que saber elegir.

De niño es complicado, no sabemos de qué se trata el mundo y nuestra única referencia son los más allegados, es normal tener las costumbres y creencias de aquellos con quienes nos sentimos queridos y seguros. Pero a medida que crecemos y forjamos nuestra personalidad, podemos decidir quién realmente puede ser parte de nuestro grupo. Tenemos la capacidad de saber elegir, porque en el fondo de nosotros sabemos a la perfección qué personas en realidad nos ayudarán a crecer.

Lo comenté al principio del libro, cuando llegué a los Estados Unidos supe que necesitaba un grupo de influencia que fuera confiable y tuviera más experiencia que yo, entonces tomé de modelo a mi suegro. Créeme, fue la mejor elección que pude hacer. Él me dio las bases y me enseñó el camino para iniciar en ventas.

También está Ahiri, ella para mí es la parte "pensante" del dúo. Hay veces que me pongo muy emotivo y ella se encarga de calmarme y darme luz; muchos de los momentos en los que me he visto en el piso ella me ha levantado.

Este grupo de influencia es el que elegí, fueron ellos porque los amo y sé que me quieren, me valoran y tienen las herramientas que necesito para ser mejor persona. Por eso los escucho y me dejo guiar con toda la confianza que les tengo.

Así como ellos son parte de mi grupo, también he influenciado a alguien. Hay personas que me han elegido como su guía, con la diferencia de que hoy soy consciente de ello y entiendo la responsabilidad que conlleva, porque antes era muy diferente, ¡yo era muy diferente! En mi época adolescente, cuando iniciaba Mercurio y empezamos a tener toda esa fama, me convertí en influenciador de las personas a nivel masivo. Nos convertimos en voceros de la juventud y marcamos la pauta de cómo vestir, cómo bailar, qué caras poner en una foto e incluso la forma de hablar. Imagina cantarle al papa en el Vaticano dos veces o que en Bolivia se declarara un día oficial con el nombre de tu grupo. Sí, hasta allá llegamos. Flashes, portadas de revista, entrevistas, giras, autógrafos... demasiada responsabilidad para un chavo que sólo quería divertirse. No tenía conciencia real de lo que significaba representar ese papel y en vez de valorarlo —honestamente— lo mal usé. Creí ser el centro de todo y que yo era lo más importante.

Probablemente traté muy mal a alguien. Estaba tan ciego y todo era tan confuso, que me convertí en algo así como "esclavo" de mi ego. Sí, el ego me encerró, y como en todo encierro te quedas solo, así me sentía.

Mientras exigía que todos se pusieran a mi servicio, por dentro tenía un vacío que poco a poco fue haciéndose más grande, ¿cómo lo lleno? Fácil, con más ego. Con el tiempo esto se convirtió en una bola de nieve, iba creciendo, tomando velocidad, cada día se hacía más pesada, más fuerte. Era tan inconsciente que cuando abrí los ojos, la bola era demasiado grande, me rebasó.

¿Qué pasó después? Pues pasó lo que tenía que pasar, la bola de nieve se estrelló. Todos los que estaban a mi alrededor sabían que había cambiado, ya no era el mismo chavo arriba y abajo del escenario, porque mientras en un concierto lo daba todo, en los camerinos estaba vacío.

Me empecé a convertir en una persona incómoda, a la gente con la que antes hablaba y reía, al final le costaba trabajo hablarme. Me fui quedando solo y yo seguía con esas ínfulas de pensar que era el mejor. Pero en el fondo sabía que no estaba bien; tardé mucho en darme cuenta de que el público seguía al artista, no a la persona.

Peleas con unos, discusiones con otros, exigencias con aquellos, tanto estuve poniendo a prueba su paciencia hasta que descubrí su límite. Y de buenas a primeras, me sacaron.

¿Recuerdas cuando platicaba de mi disco como solista? ¿Cuando me hicieron esperar en recepción y que el productor me dijo que no le interesaba mi proyecto? Bueno, pues ésa fue una de tantas puertas que se me cerraron, y todas por mi culpa, de nadie más. En menos de lo que creí ya estaba solo, ¡doblemente solo! Por un lado ya no estaba en ningún grupo, y por otro, seguía sintiendo un vacío que llevaba años cargando.

Me tuve que caer, tuve que tocar mi fondo sin saber —en ese momento— por qué me estaba pasando. Intentaba justificarme, tomarles rencor a las personas, me llené de sentimientos negativos y reventé, me cansé de sentirme así. Entendí por las malas que el valor de las personas no depende de sus logros, que uno vale por lo que es y no por lo que representa: "¡Mira! Ahí va el artista". "¡Ya llegó el arquitecto!" "¡No puede ser, es el presidente de la República!" "Hay que venerar y complacer todos sus caprichos por más estúpidos que sean." ¿De verdad la vida se rige así? Definitivamente no.

Empecé a darme cuenta de que todo lo que creí —o al menos la mayoría— estaba mal. Y ya con un poco de humildad en la mano, trabajé, trabajé mucho internamente, al grado de que empecé a perdonar cada cosa que me hice, perdoné cómo me abandoné, cómo me alejé de mí. Al mismo tiempo, de forma mágica, me fui encontrando con la gente correcta, empecé a hacerme las preguntas adecuadas, a ver más allá y valorar el aprendizaje de todo lo que viví.

Tan es así, que hoy agradezco todos y cada uno de los errores y aciertos que tuve, porque gracias a esas caídas y levantones, ahora entiendo lo grande que es nunca olvidarse de sí mismo, ser auténtico, humilde, amar y valorar lo que uno tiene. ¿Recuerdas algún error o caída que haya ocasionado un sentimiento similar? Más adelante empecé a preguntarme "por qué hago lo que hago", "qué quiero", "qué necesito", cambié mi rutina de vida, mis hábitos, tomé gusto por la lectura y elegí a las personas indicadas para seguirlas hasta que, un día, de repente, lo descubrí. Por fin supe de qué se trataba todo esto.

Resumen

- *Identificar lo que la gente hace para obtener resultados y aplicar sus técnicas a nuestro proceso.*
- *Resultados = acción + pensamiento + modelo.*
- *Enfocarnos en que nuestra meta sea específica, medible, alcanzable, replicable y ponerle fecha.*
- *Disciplinas de una persona exitosa: persistencia, espiritualidad, estar bien físicamente, darse tiempo de relajación / salir de la rutina, disfrutar del dinero, estar aprendiendo constantemente.*

- *Ámate, sé tú la persona por la que quieres lograr los objetivos.*
- *Agradece siempre lo que tienes.*
- *El reconocimiento es la acción que mezcla honestidad con humildad y te abre una puerta para ser mejor; es signo de grandeza.*
- *Haz caso a tu instinto, una mala influencia te deshace mientras que una buena te hace.*

7

Tu propósito, más que una venta

Al principio todo lo estaba direccionando a lo que hoy me dedico, pero más adelante supe que esta forma de vivir era más grande que sólo las ventas. Y no es que haya encontrado el "hilo negro" (o sí, para mí), pero definitivamente es una forma de ver la vida que al menos a mí me cambió, y si tú no eres feliz, o quieres ser aún más, entonces te la comparto; sería increíble que también cambie la tuya.

Seamos honestos: además de la realización personal, todos trabajamos por dinero, ¡todos! Cada uno de nosotros buscamos una remuneración monetaria que compense el esfuerzo realizado, pero, ¿cómo logramos tener más si nos la pasamos gastándolo? Podríamos trabajar horas extra, buscar un segundo turno o hacer proyectos externos para ganar un poco más. Hay varias opciones que uno puede tomar para tener más dinero, pero, ¿te has preguntado qué pasaría si en vez de todas esas opciones dejas de preocuparte por él?

Sí, ya sé, se escucha ilógico, pero piénsalo un momento, ¿qué pasaría si redireccionamos nuestra mente para que nuestro primer y único objetivo sea sumarles a los demás? Mejor dejemos de preocuparnos por el objetivo para ocuparnos en ayudar, porque si les damos más a nuestros clientes, obviamente vamos a generar más, y entonces venderemos más y el dinero llegará solito.

El dinero no es una meta, es una consecuencia.

> Cuando hacemos algo pensando en lo que nos va a generar (dinero), saboteamos el resultado en automático, porque es tanto el enfoque que le damos al resultado final, que estamos descuidando el proceso para llegar a él.

¡Sí, claro! Parece muy fácil, ¿no? Es el típico "da sin esperar nada a cambio", ¿y qué pasa con los que vivimos al día? Pues aunque no me creas, para esos momentos también sirve pensar así. Porque mientras que para una "venta común" necesitas la decisión de alguien, esta forma de vida es un objetivo que sólo depende de ti. Además, el hecho de siempre esperar crea una expectativa que puede convertirse en frustración. Es como estar encima de un cliente esperando su aprobación, y para tenerla, haces hasta lo imposible para convencerlo imaginando: "Con esto me lo echo a la bolsa". Y cuando la respuesta no es la esperada, te frustras, crees que fue un tiempo perdido y hasta le tomas rencor a tu cliente.

En vez de eso, ¿sabes qué sí puedes hacer? Atrévete y crea valor, poner el ambiente y las condiciones adecuadas en el momento indicado para que cuando la otra persona tome una decisión de compra tú estés ahí, creando valor.

¿Cómo lo creas? Primero que nada, con excelencia. Se trata de ver nuestro trabajo con satisfacción, pretendiendo ser mejores todo el tiempo. Dejar de pensar que estamos ahí por un horario o un sueldo, buscar siempre ser los mejores. Vestirnos de forma adecuada, estar siempre pulcros y perfectamente presentables y mantener nuestros documentos en orden.

Pensemos por ejemplo en una tienda departamental, los que trabajan ahí tienen como política número uno hacerte sentir cómodo. Desde recibirte con una sonrisa, darte información, agradecerte por tu compra... son detalles que en realidad no cuestan; a la cadena no le sale más caro el empleado por pedirle que sonría, sin embargo, para el cliente es una gran diferencia frente a otras tiendas y eso se refleja en las ventas.

¿Qué pasa si le agregamos constancia? ¡Seguimos creando valor! A la gente le gusta irse a la segura, y si, por ejemplo, hay un puesto de tacos en donde todos los días logran el mismo buen sabor, siempre está limpio y reciben a los clientes con esa frase y esa gran sonrisa, créeme, yo regreso.

Otra forma de crear valor es con la atención. Mi tía, por poner otro ejemplo, es la típica que ama el internet, compra muchas cosas en línea. Sin embargo le parece imposible comprar sus cremas por la red. Aunque las encuentre *online*, ella siempre va a la misma tienda y con la misma vendedora, ¿por qué? Simplemente por cómo la atiende. Siempre la recibe de buenas y con una sonrisa, le pregunta por su familia, le dice lo bien que se ve con las ampolletas que se llevó la última vez, le sugiere lo nuevo para ojos, en fin, ella no cambia por nada esa atención.

Otra cosa es la empatía, ¡básica en la vida! Imagínate que llegas con un amigo y le dices: "Güey, me acaban de correr", y él te contesta: "No pasa nada, ya encontrarás otro trabajo". Obviamente no es lo que queremos escuchar, seguro preferirías algo como: "¡Pfff... qué mala onda! Pero no te preocupes que yo te ayudo, voy a preguntar entre mis conocidos si alguien necesita tu perfil". Cambia, ¿no?

Por último, valorar a la gente. Hay que darle a cada persona el valor que merece. Desde pequeñas cosas como un agradecimiento muy sincero, hasta llamarles por su nombre cuando las recibes. Un ejemplo muy claro y que vivo todos los días es mi hijo Andre, él es un auténtico maestro en hacer sentir a la gente querida, y lo mejor es que lo hace de forma natural, nunca busca un beneficio propio o pretende llegar a un fin, simplemente lo hace y ya, porque él es así. Con esa manera de valorar a las personas, estoy más que seguro que en el futuro se abrirá muchísimas puertas.

> Detalles que hagan sentir a los demás que para ti son importantes cambia por completo la forma en la que te ven.

Siempre he pensado que las actitudes son como energía, energía que la gente absorbe y de la que se contagia. Si estamos trabajando desde un lugar ansioso, eso mismo transmitiremos, y sin querer estaremos saboteando nuestra propia meta. Mejor hay que creer en eso que hacemos y generar valor, así conectamos más profundo con relaciones genuinas. Te pongo un ejemplo:

Mientras le estaba enseñando casas a Roberto, uno de mis clientes, me platicó que él llevaba tres años viviendo solo y un buen día decidió tener pareja, el problema era encontrarla. Me dijo que nadie lo llenaba, que iba de aquí para allá, invitando a muchas mujeres y gastando más dinero del que tenía sin resultado. De repente, una noche se preguntó: "¿Cuánta gente como yo está pasando por esto? ¿Qué puedo hacer para que la gente encuentre su 'media naranja' sin gastar tanto?"

Pensó en mil opciones, platicaba con mucha gente, escribía ideas hasta la madrugada, siempre pensando: "¿Qué puedo hacer para ayudar a los demás?" Gracias a esas ganas de servir y de tener una pareja estable, hoy Roberto ha logrado unir a más de 400 parejas (incluyéndose) a través de su página web, donde organiza eventos para solteros. Ahí la gente se inscribe para conocer a nuevas personas que tienen gustos similares, y así pueden encontrar a su pareja indicada con mayor certeza.

Su sentido de servir lo llevó a crear un espacio donde se ayudó, ayudando a los demás. Y si le sumas que eso le deja un beneficio económico, Roberto creó el trabajo perfecto gracias a pensar en el otro.

¿Alguna vez has ayudado a alguien sin que te lo pida? No sé, llegar de sorpresa a la casa de un amigo que se siente solo, pasarle los datos de un empleo al vecino que lleva meses sin trabajo, ayudar a cambiar la llanta a alguien que encontraste en tu camino. ¿Recuerdas sus caras de alegría? La forma en la que te mira alguien a quien le ofreciste ayuda es mágica, te regalan una sonrisa muy honesta, muy de corazón. Ahora, ¿tú qué sentiste al ver esa cara de agradecimiento? ¿Verdad que hay como un hormigueo en todo el cuerpo? Una satisfacción que viene desde adentro y muy genuina.

Hacer algo para que alguien esté feliz de inmediato nos hace sentir lo mismo, incluso puede ser que más. Porque independientemente de su cara de sorpresa, nos estamos dando la oportunidad de disfrutar lo mejor de la vida, y lo mejor de la vida es servir.

Sí, la clave es servir.

Piénsalo un poco y te darás cuenta de que tiene toda la lógica. Somos humanos y una de nuestras necesidades básicas es relacionarnos con los demás; hacemos grupos, nos satisfacemos unos a los otros, y aunque los grupos se forman con integrantes que tienen cosas en común, ninguno es exactamente igual, cada persona tiene su forma de ver la vida y actúa de diferente modo, pero todos, absolutamente todos, necesitamos de los demás, ¿por qué no ser esa persona que puede satisfacer esas necesidades de la gente?

Aprender a vivir así te ayuda a darte cuenta de que todos tenemos diferentes necesidades, te conviertes en un "camaleón", que se adapta a la vida del otro para poder entender y aportarle algo de verdadero valor. Cuando eso pasa, su sensibilidad se eleva y logras tocar fibras muy sensibles, lo cual te hace único.

Sirve en lo que sea, no importa, sólo sirve. Y hablo desde una perspectiva realmente honesta, no se trata de esperar algo a cambio, me refiero a ayudar de verdad, desde adentro. Sacar lo mejor de ti no sólo te convierte en buena persona, también te está abriendo la puerta a beneficios que no te imaginas.

Eres más útil sirviendo a los demás que sólo a ti.

Si me preguntas qué diferencia hay entre el Dany de antes y el Dany de ahora, te puedo decir, de todo corazón, que hoy soy una persona agradecida y valoro cada momento de mi vida. Hace poco tiempo hicimos una gira con el grupo tipo "reencuentro" que duró cuatro años, y en cada uno de los conciertos que dimos mi primer pensamiento fue: "Éste no es un concierto más, es uno menos. Por eso, esta noche voy a dar todo de mí, hoy toco el corazón de la gente tocando el mío, amando lo que hago y generando felicidad a través de las canciones y ofreciéndome a la gente". Gran diferencia, ¿no?

Hoy entiendo la responsabilidad que es estar cantando frente a 20 000 personas, y cada vez que estoy a punto de subir al escenario me pongo a pensar en la gente que está allá esperando y todo el esfuerzo y sacrificio que hizo para ir. El dinero ahorrado, el tiempo invertido, el espacio que está haciendo en su vida para que pueda ser parte de su historia. Ese motor es el que me hace dar lo mejor de mí para que sus dos horas de pie no sean en vano.

Lo que antes era el Dany prepotente, hoy es un Dany que sólo funciona como puente. Sí, soy un puente, ahí está mi conexión, porque realmente me he convertido en un instrumento donde llegan las emociones.

No sabes cómo me vuela la cabeza imaginar qué están pensando mis hijos al verme arriba de un escenario, qué tanto se les acelera el corazón al descubrir que su papá genera esas emociones con la música y las luces del escenario. Me vuelve loco, pero no desde el ego, sino que, una vez más, esa sensación que están sintiendo yo se las estoy ofreciendo, ¡estoy siendo un puente para sus emociones!

Es más, si me voy más lejos, así como estoy siendo el puente para mis hijos, también lo he sido para miles de personas, los veo cada vez que subo al escenario, soy testigo de cómo todos al unísono cantan, bailan y recuerdan lo que hacían en ese entonces cuando nuestra canción estaba de moda. Probablemente más de uno se haya enamorado con nuestras canciones, haya dedicado una de nuestras letras, o incluso se haya roto uno que otro corazón. Lo que es verdad es que los que somos parte de Mercurio hemos podido sacar a flor de piel millones de sentimientos y emociones. He tenido la gran dicha de ser el puente para muchísima gente.

Por fortuna me he dado cuenta de que esta forma de vida te lleva más allá. La relación con mi familia día a día se hace más grande, hoy vivo para ellos y ellos saben que cuentan conmigo para lo que sea. Lo mismo pasa con mi profesión, lo comentaba páginas atrás, hoy me concentro en las personas más que en la venta en sí, hago que su proceso se convierta en una experiencia hasta convertirme en el mejor cómplice para realizar sus sueños; ya no se trata de cerrar una venta por una ganancia personal, la vida no consiste en vencer a la competencia bajando la comisión (eso es de primaria). Ahora lo veo como la posibilidad de cooperar para que una familia encuentre la casa de sus sueños, y si se enamoran de una casa que tiene algunos problemas que ellos no ven, definitivamente se los hago saber, un millón de veces prefiero perder esa comisión, que quedarme con ese sentimiento de culpa al no ser honesto y que compren algo que más tarde se darán cuenta de que no fue la mejor opción. En conclusión: yo ofrezco honestidad, comprensión, compañía, tranquilidad, seguridad y muchos beneficios más, ése es mi verdadero valor, y ese valor cien por ciento genuino no sólo es mío, es para mis clientes.

Con esa forma de ver la vida, hoy te puedo decir que vivo feliz, en paz. Tengo una familia que amo, amigos de corazón, un equipo de trabajo increíble y muchas cosas más gracias a entender que estoy para ellos. Cada uno de los días que pasan me dedico incansablemente a hacerlos sentir emociones que se quedarán en su vida; y hoy también quiero estar en la tuya. Por eso estoy aquí, compartiendo mi vida desde la verdad y con un solo fin, que también seas feliz.

Muchos amigos han estado acompañándome en la aventura de escribir este libro. Y en medio del proceso, varios me preguntaron qué esperaba de todo esto, cuánto dinero imaginaba ganar, incluso si visualizaba vender el libro en otros países. Al principio me quedaba callado, la verdad es que nunca me puse a pensar en eso. Entonces mi respuesta fue y siempre ha sido que no tengo la más remota idea de lo que pasará, no sé si lo vayan a comprar unos cuantos o millones, no tengo idea de si todo este tiempo invertido tenga algún tipo de remuneración. No lo sé, y lo mejor de todo es que no me importa, no me importa en absoluto. No se trata de dinero y mucho menos de fama, eso ya lo viví. No se trata de mí, sino de ti. Lo único que busco y deseo con todo el corazón es tocar tu vida, que lo que yo he vivido te ayude en algo, porque lo que tengo hoy es tan humano, honesto, real y mágico, que quiero compartirlo para que puedas sentirlo en tu vida, que vivas al máximo con una forma de pensar más honesta, más libre.

Hemos platicado de muchísimas cosas al correr de las páginas, hablamos de por qué hacemos las cosas, de cómo los errores nos enseñan, te compartí varios ejercicios y técnicas de ventas, también tocamos el tema de los hábitos, los círculos de influencia y algunos momentos de mi vida. Y ahora, todo lo que te compartí cambia.

Reestructura todo lo que escribí. Sí, ¡reestructúralo todo! ¡Hazlo! Cambia las técnicas, los modelos, los pasos, todo, absolutamente todo, porque si no cambias tu perspectiva hacia servir, si no se vuelve tu principal y único motivo, todo lo demás no te servirá de nada.

Abre los ojos y date cuenta de que esto no se trata de ventas, se trata de cómo generar valor a los demás.

Sí, llegó el momento de desprogramarnos, de salirnos de todo lo que creímos aprender para enfocar nuestro pensamiento y energía en una sola meta. Ya tienes las herramientas, tienes los pasos y todo lo que necesitas. Ahora vas a canalizar toda esa información en una sola cosa: "Cómo hago para que esta información me ayude a servir a los demás".

El último ejercicio que te invito a hacer es lo que le dará razón a todo lo aprendido. Ahora te reto a que vuelvas a leer el libro pero enfocándote en cómo ayudar a los demás, ¿o acaso creías que con leer estas páginas una sola vez ibas a encontrar el beneficio propio? Es normal que uno lo piense así, estamos muy acostumbrados a vivir esperando algo como recompensa a lo trabajado. Me quedo horas extra para cobrar más, le mando dos ramos de rosas por semana para que me dé el "sí", uso las técnicas en ventas más depuradas para que me compre la casa. Es muy común que valoremos lo recibido en medida de lo trabajado. Pero, ¿de eso se tratan las ventas?, ¿de verdad así funciona la vida? Claramente no.

Tú sirve, hazlo porque sí y punto. Cuando lo haces, de alguna forma la vida te devuelve ese desinterés mejorando tu vida. Por ejemplo, sentirte feliz al saber que estás dando algo de corazón y sin esperar algo a cambio.

Sí, yo sé, la vida no es nada fácil. En el día a día hay problemas, pérdidas, peleas, traiciones y muchas cosas más, sé que la vida no es color de rosa y que muchas veces parece que todo lo que hacemos no vale la pena. Pero, ¿vivir resentido es el único camino? ¿Te gusta sentir la misma tristeza o frustración de siempre? Afortunadamente tenemos el poder de la elección. Tú decides cómo vivir cualquier proceso y si quieres aprender de él. De ti depende el camino que tomes y las repercusiones que eso conlleve. De verdad, ¡puedes elegir! Tú tienes el control de ti y sólo de ti.

No puedes controlar lo que la otra persona hará, no puedes meterte en la cabeza de la gente para que actúe de la forma que tú quieres, no se trata de dominar ni imponer nuestros pensamientos como si fuéramos dueños de la verdad. Si luchamos por eso, estaríamos cargando con un enorme costal lleno de egoísmo que es tan pesado como innecesario, estúpidamente innecesario. Mejor suelta, libérate, permite que las personas sean como son, y eso también te incluye. Vive en paz contigo, descúbrete todos los días de tu vida para conocer más de ti y de lo que eres capaz, porque tú eres capaz de muchísimas cosas que estás a punto de descubrir, ¡estás muy cerca!

¿Te das cuenta? Esta puerta que acabas de abrir no tiene regreso, si empiezas a vivir basándote en tu honestidad, tu amor, tus principios y todo lo bueno que tienes, podrás recibir lo que siempre has buscado, porque todo eso que quieres encontrar realmente está dentro de ti.

Haz las cosas diferentes, cáete, levántate, ríe, llora, y una cosa muy pero muy importante que, además, es universal: "No hagas lo que no te gustaría que te hicieran".

En todas las creencias, en todas las religiones alrededor del mundo, hablan de esta ley de vida, ¡en todas! Si alguien es infiel, ¿te gustaría que te hicieran lo mismo? ¿O cómo nos sentiríamos si descubrimos que nuestro compadre nos ha estado robando si hemos estado haciendo lo mismo desde hace tiempo? ¿Qué se sentiría? O mejor dicho, ¿para qué meterse en eso?

Hay cosas mucho más importantes y útiles en qué pensar, por ejemplo, pensar en ti, realmente pensar en ti. En serio, hacerlo tiene beneficios que no te imaginas.

Checa esto: cuando piensas en ti, y haces las cosas por ti, sin querer, estás haciendo feliz a alguien más. Me explico: Carlos decide abrir una casa hogar para perritos de la calle, los cura, vacuna, alimenta, baña y después los da en adopción para que cualquier persona que busque una mascota la pueda tener gracias a su refugio. Eso a Carlos lo hace feliz, pero no sólo a él, porque, además de cumplir su sueño, le está regalando un nuevo miembro a alguna familia.

Dando valor a los demás, nos estamos dando valor a nosotros.

Es hora de reprogramar ese "yo, yo, yo, yo" por el "yo para todos, yo para todos, yo para todos", porque las cosas que nos hacen felices hacen felices a los demás. Y de eso se tratan las ventas y la vida. Al momento de servir al otro, en realidad nos estamos sirviendo a nosotros mismos.

Por naturaleza, el humano emite energías tanto negativas como positivas, y esas energías regresan a ti, ¿cuál de las energías quieres explotar? Genera valor, muévete, ¡sirve sirviendo!

¡Sirve! ¡Rífate! Sé merecedor de cada buena noticia que llegue a tu vida y disfrútala al máximo porque te lo has ganado.

Hoy ya no tienes pretexto, tienes todas las herramientas y los pasos para hacerlo. Date la oportunidad de aprender, disfruta tu claridad y persistencia para saber darle un porqué a cada pregunta que te hagas, sigue expandiendo tu zona de confort para saber hasta dónde puedes llegar y descubre que el peor error es el mejor de todos. Toma agua, haz ejercicio, acércate a aquellos que te sumen, toma el teléfono y dile a esa persona cuánto la admiras, métele pasión a cada cosa que hagas y gánate esos hábitos que te llevarán a donde quieres. Créeme, ¡puedes hacerlo! Te lo dice una persona tan normal como tú, que ha tenido sus derrotas y victorias, que ha llorado de alegría y de tristeza, con la diferencia de que decidí elegir, decidí polarizar lo que ha estado frente a mí: si crees que no tienes nada, ¡déjame decirte que eres rico!

Tienes manos, ojos, piernas, intelecto, estás aquí y puedes hacer lo que tú quieras.

"Nadie me quiere." ¿Cómo de que nadie te quiere? ¿Qué acaso el amor propio no cuenta? Si te amas puedes estar increíble solo, y así podrás compartir tu paz con los demás.

"Pocos creen que puedo cambiar." ¿Y eso qué importa cuando crees en ti? Cree en lo que eres, en lo que amas, en lo que quieres y puedes cambiar.

Hoy es tu oportunidad, llegó la hora de observar, respirar, sentir, vibrar, aprender, avanzar y agradecer. Al final, eso es lo que nos hace ser humanos. Recuerda que la vida es un increíble viaje, disfrútalo, ¡atrévete y hazlo!

De mi corazón al tuyo... ¡GRACIAS!

Resumen

- *La clave de todo es servir.*
- *Ayudar desinteresadamente a alguien genera en ti una satisfacción genuina y real, una felicidad y un placer mucho más duraderos.*
- *Cuando nos enfocamos en servir, en crear algo de valor para el otro, el mundo te ve distinto, te agradece y, sin pedirlo, te lo devuelve.*

- *Empieza por interesarte por las personas, sé genuinamente curioso.*
- *El dinero no es una meta, es una consecuencia.*
- *Debemos tener pleno control de nuestras emociones y no dejar que ellas nos controlen.*
- *Los mejores vendedores no venden productos, se venden a sí mismos.*
- *Cuando la otra persona se siente escuchada, estará dispuesta también a escuchar.*
- *Si la otra persona no está abierta a ti, menos lo estará a tu producto.*
- *Olvídate del ganar-ganar, enfócate en que la otra persona gane.*
- *La competencia te impulsa a ser mejor; hablar bien de tu competencia habla bien de ti.*
- *Los momentos donde más aprendes son los silenciosos, te vuelves receptivo y abierto.*
- *Recuerda que siempre tienes el poder de la elección. Tú decides cómo vivir los procesos, el camino que tomas, la manera en que ves la situación que estás viviendo.*
- *Todo lo que quieres encontrar está dentro de ti.*

Estas ideas no son sólo mías, son mi interpretación de aquellas que han sido desarrolladas, absorbidas y expresadas a través de grandes maestros, modelos, libros, cursos, errores, aciertos, pero sobre todo de personas que la vida te pone enfrente para recorrer las etapas que te hacen crecer.

Testimonios

Concluyo este libro con los testimonios de dos personas clave que me han acompañado en esta gran aventura.

A los dos, gracias de corazón, desde el fondo y con todo. Ha sido un gran viaje por un universo que descubrimos semana tras semana, con lágrimas, frustraciones, alegrías y anhelo de que este día llegara. Que empiece esta revolución...

Charly

Charly, recuerdo perfectamente el primer día que te conocí, en tiempos complejos, de incertidumbre y tú con la mejor actitud. La expresión creativa hecha humano, quien transforma las ideas y las plasma en palabras fáciles de sentir. Abierto, bondadoso, siempre dispuesto a escuchar, a crecer y a dar lo mejor.

Hola, soy Carlos Cortés, uno de los colaboradores de esta gran aventura. Bueno, ¿qué te puedo decir acerca de este libro? De entrada, pienso que estas páginas no sólo son ideas plasmadas, más bien la catalogaría como una "interminable experiencia". La nombro así porque me di cuenta de que el libro no se detenía cuando cerrábamos nuestras reuniones, al contrario. A medida que fui avanzando, los días empezaron a tener otro color. De forma natural, e incluso sin querer, cada una de las enseñanzas que encontraba al escuchar y escribir se fueron aplicando a mi día a día. Hubo muchas veces en que platicando con mis amigos y familiares recordaba fragmentos del libro, y cuando eso pasaba, me sorprendía: "¡Ah chingá! Esto tiene todo el sentido del mundo". Así me iban cayendo los veintes. Por eso digo que es interminable, porque entendí que cada página me dejaba algo para reflexionar, entender, aplicar y servir todos los días.

También fui entendiendo que nosotros no estábamos escribiendo un libro, sino que el libro nos fue escribiendo a nosotros. Para mí, fue como estar creando a mi propio maestro.

Puede sonar extraño, pero al releerlo pareciera como si alguien más me estuviera hablando. Era como un eterno redescubrimiento de lo que soy, de mis capacidades y de lo que puedo ser capaz, una perfecta locura.

Lo más curioso de todo es que después de todos estos meses de trabajo y desvelos no quería que acabara. Cuando llegó el momento de cerrar el escrito y empezar con la segunda fase, pensaba: "Chale, ¿ya va a acabar? Pfff..." Después lo pensé mejor y descubrí que esto nunca terminaría, más bien era sólo el inicio, ya que independientemente del trabajo puntual, lo que me mostró este "maestro" es que lo voy a llevar conmigo todos los días, porque él ya es parte de mí.

Tan es así, que este trabajo no sólo está dedicado a Cabeza de Coco, el Panzón, Lilis, la Flaca, Benjiman, Súper Gael, Poderosa Nina y Mi Chavo, que nos mira desde el cielo. También está dedicado a mí, porque este libro es para mí. Y también te lo dedico a ti, a tu vida, a tu fe y a tus ganas. Créeme, este libro, si realmente lo lees y lo vuelves a leer, se convierte en algo así como una transfusión, no sabes cómo ni por qué, pero de repente el corazón late más fuerte, respiras más profundo y tienes ojos para ver más cosas, tienes la posibilidad de ser más tú. Y eso... ¡no tiene precio!

Karina

Mi nombre es Karina Dávila, nací en Jalisco, México, el 9 de enero de 1987, pero la mayor parte de mi vida la pasé en Morelia, aunque también he vivido en la Ciudad de México, Querétaro y Houston. Soy madre de una niña hermosa que amo con locura y me dedico al marketing *(entre muchas otras cosas). En mi caso, como cliente, fue que conocí a Dany, este maravilloso ser lleno de energía, positivismo y carisma.*

Te platico que desde que empezamos el proyecto ¡Atrévete y hazlo! *muchísimas cosas han sucedido y cambiado en mi vida, y no dejo de impresionarme de cómo al seguir esta filosofía de servir y de hacer las cosas por los demás en verdad te llena por completo, cambia tu perspectiva y te trae muchas cosas buenas.*

Hace unos meses tuve uno de esos breaking points *en el que tu vida entera colapsa y te replanteas todo... Para contextualizar un poco, llevaba 11 años casada y estaba embarazada de un segundo bebé; la vida perfecta, según yo. Sin embargo, de un día para otro perdí a mi bebé y a mi esposo, ambos en el mismo mes. Claro que sentí que se me venía el mundo encima, sentía demasiado enojo, dolor, miedo y tristeza.*

Después de este duro episodio, empecé a vivir sola en Houston, mientras mi hija permanecía con toda mi familia en México. Por supuesto que la primera opción para mí fue regresar a mi país para estar cerca de ellos, pero al pensar con la cabeza más fría me brotaron miles de dudas: "Me voy, me quedo, qué será lo mejor para mí, para mi hija". No te miento, me sentí perdida y sin rumbo al tratar de definir cuál sería el mejor paso o la mejor decisión. Así que, en medio de todo ese caos, decidí soltar, soltar por completo y confiar.

Confié y me dije: "La decisión no la tomaré yo, la dejaré en manos de Dios y confiaré en lo que sea que me ponga en el camino. Será lo mejor". No creas que esto fue fácil para mí, ya que usualmente tiendo a querer controlarlo todo, pero aun así lo hice. Entonces me dediqué a buscar un nuevo trabajo tanto en México como en Houston; mandé fácilmente unas 25 solicitudes en México y cuatro en Houston. La primera que me contestaron fue para trabajar como asistente en un consultorio de quiroprácticos. Desde que leí su vacante me encantó: buscaban a alguien que tuviera habilidades para tratar con los clientes, que se preocupara por los demás y, en resumen, que practicara una constante "actitud de servicio". Así que le escribí al doctor para explicarle que estaba muy interesada en la vacante; su respuesta fue una gran sorpresa, pues él también se interesó en mi currículum, y me pidió que acudiera a la entrevista.

Al día siguiente ya estaba trabajando con él, en un horario que me favorecía mucho, a una distancia muy conveniente de mi hogar, con un sueldo muy ad hoc con mis necesidades y, lo mejor de todo, sirviendo a quienes lo necesitaban.

No te puedo explicar la gran satisfacción que ese trabajo me ha brindado, la gente es súper agradecida. A diario me llegan mensajes como: "Gracias por cuidar de mí", "Gracias por ayudarme", "Gracias por hacer posible mi tratamiento para que yo me sienta mejor", "Gracias por quitarme ese dolor que ya era insoportable"; en fin, estoy rodeada de gente hermosa a la que tengo oportunidad de servir y eso me llena de una felicidad indescriptible.

Por ello, te invito de corazón a releer este libro y tatuártelo como filosofía de vida. Fuera miedos, inseguridades, bloqueos mentales y demás cosas o personas que te estén frenando para ser feliz. Atrévete, hazlo y sé genuinamente feliz. Te prometo que sí se puede.

Agradecimientos

Sería muy injusto dejar fuera a alguna persona que ha sido vital en el desarrollo de mi vida. Desde mis padres que me dieron la vida, mis hermanos, hasta las personas encargadas de acomodar las butacas antes de cada concierto, pasando por familia, amigos, fans, clientes, conocidos, no tan conocidos y los que me falta por conocer.

Han sido miles de personas las que me han ayudado a crear y construir mi vida, y es un gran privilegio y un gran honor saber que, a partir de hoy, tú y yo ya somos parte de la misma historia.

Ahiri, tu amor junto con tu determinación y exigencia son la mezcla perfecta para ayudarme a lograr cosas espectaculares, eres maravillosa.

Andre, Jean, Darelle y Cristianne, los amo.

Por ti, para ti y de ti.

Dany.

"Soy lo que fuiste, porque eres lo que quiero ser." NN

¡Atrévete y hazlo! de Dany Merlo
se terminó de imprimir en enero de 2022
en los talleres de
Impresora Tauro, S.A. de C.V.
Av. Año de Juárez 343, col. Granjas San Antonio,
Ciudad de México